U0048059

旅行餐桌
作者／曾心怡

在旅行中實現樸真

在生活中延續旅行的美好

「在生命裡植下一顆小小的種子，也許一開始不起眼，但終究會開出美麗的花朵。」

這就是父母與孩子。從初見面的那一刻起，我們便在彼此的生命花園裡開始播下種子，撒下的也許是尋常生活中那些關於時間的更迭俯拾、也許是精心耕耘的期待與想望、也許是未曾經歷卻通過彼此激盪而識得的新鮮體驗……無論如何，唯一能確定的是，只有越緊密的親子相處、越有默契的親子溝通，才有機會讓這片屬於夫妻、父母、親子、手足的家庭花園，在共同的回憶製造裡，孕育出無人可取代的繁茂與驚艷。

我在花花與另一半以及兩個孩子所一起完成的《旅行餐桌》書中，看到了一個家庭在夫妻關係、父母角色、孩子成長的點滴，如何自然而然開始生活中的旅行、並且如何自然而然落實旅行中的生活，非常不簡單！

不是純粹的旅行，但卻在旅行實現了生活的樸真，從三餐料理與孩子共處，花花與讀者分享：即使行走過一個又一個義法城市或鄉間小鎮，除卻景點的新奇與特別，其他就是平常卻有意思的居遊體驗，然後尋覓口耳相傳的經典餐廳，優雅再轉身也要享受在市集、散步經過的雜貨食品小店、連鎖的大眾超市，帶領著家人一同發現最在地的柴米油鹽醬醋茶，並且親手料理出簡單而與眾不同的義法私房料理！這是精彩的旅行，也同樣是精彩的生活！

而回歸到生活，旅行卻沒有結束，集結了在旅行中所呼吸吐納的芬芳記憶，花花把在義法不同城鎮中的家常料理，重新於餐桌上以唇舌味蕾複習了再一次的旅行，從洋蔥鮭魚蛋黃麵感受尼斯蔚藍海岸的陣陣浪濤、到普羅旺斯燉菜深呼吸薰衣草的香韻，還有茹瑪隆讓人魂縈夢牽的雜貨與焦糖卡士達修女泡芙，透過飲食與孩子回想旅行，這是最心有靈犀的親子對話！

翻閱著章頁，跟著花花與孩子們遊歷了翡冷翠、比薩、威尼斯，接著轉往巴黎、聖雷米、格拉斯，我彷彿又回到當年和另一半帶著兩個女兒的那場夏之旅行，思緒峰迴路轉地再度神遊那豐美視界與味覺饗宴，圖文並茂誘惑著，讓人很想捲袖馬上跟著花花一道又一道讓人垂涎的料理食譜，重新啟動生活中由食物開始的旅行興味！

一起旅行吧，從《旅行餐桌》啟程……。

親子部落客

Ashley 艾胥黎

課本學不到的美感體驗

輕鬆優雅的歐洲親子行

喜愛旅遊的我，一年會帶孩子出國多次，但每次要安排孩子出國旅遊，總是會考慮很多，像是地點、行程的安排以及便利性等等。而歐洲一直是我不敢嘗試的處女地，總覺得要帶孩子到這麼遠的地方是一件相當不容易的事。

但看完了心怡的書，還真想馬上收拾行囊，帶孩子體驗這些迷人的景點！

我相信孩子的美感必須從小培養，文化素養也必須從小薰陶，這些都是生硬冰冷的課本無法給與的。

在大家一窩蜂帶孩子逛遊樂園的同時，也不妨帶孩子體驗深度文化之旅吧！

讓這本書細膩地告訴你，如何準備一趟完善的親子之旅——如何去、如何玩、如何吃、如何住……，跟孩子一起輕鬆又優雅地體驗歐洲文化！

瑜珈達人

LuLu 老師

文化與美食的盛宴

與孩子共享無法取代的回憶

很高興看到心怡出版這本特別的書，它結合了海外旅遊、親子教育、美食烹飪三大主題，是一本你越看會越「餓」的書！

不瞞各位，大家看到這本書裡頭的美食和美景，也許會有只能「望梅止渴」的感慨，但我卻是其中不少行程的隨行者！與心怡的妹妹 Ivy 結婚後，心怡成了我的 sister in law，於是我們一家三口也跟著他們一家四口，一起去各地旅行。只能說，我真是太幸運了。

說到出國居遊，很多人或許第一個反應是：是不是要花很多錢？

老實說，夫妻兩人，再加上孩子一人或者兩人的機票，目的地是亞洲國家還好，若是歐洲，那麼兩個禮拜下來，再怎麼省，二十萬元也是跑不掉的。這對很多人來說不是一個小數目，對我來說也是，但我時常告訴自己：錢，不就是要花在家人身上嗎？

以前我單身的時候，確實存了不少錢，才能夠在台北和韓國首爾置產。結婚後，看著戶頭數字無法像以前一樣快速攀升，而是因為海外旅遊和家庭的支出原地踏步，剛開始也會有些不習慣，但轉念一想：我當時存這些錢，不就是為了日後能為家人提供快樂和保障嗎？現在「成員」都有了，不花，更待何時？

想通了之後，便覺得這樣一年一次的旅遊，真的是人生中很棒的回憶。孩子雖然小，不見得懂得國外當地的人文，對美麗的風景可能也興趣缺缺，但在和父母一同出遊的過程中，勢必會有與在台灣生活不同的體驗，對不同的文化有些許的認識與了解，知道世界比他們想像中的大，自己將來有著無限可能……這些都是透過文字和轉述所沒有辦法得到的。古人說，讀萬卷書，不如行萬里路，真的非常有道理。

有些父母也許會說，為了讓小孩長大後再出國去唸書，體驗得更深入，現在先把錢存下來，以後再用吧。關於這點我卻有不同的看法。首先，這個「以後再用」，很有可能到時候小孩不想出國，或者你有其他支出必須挪用，又或者因為突發狀況，沒能與家人一同出遊……，最可怕的是，當這種「以後再說」的思維成為習慣，說不定就永遠都不會出遊了。

更何況，在我的認知裡，自己賺的錢，是「自己也要爽到的」！自己含辛茹苦、一毛不拔，只為了送小孩出國旅遊或遊學，這種事我絕對不幹！要也是我帶著孩子和太太一起出去，直到哪天孩子不想跟我們出去時再說。

而根據前輩們分享的經驗，孩子不想跟我們出遊的那一天，永遠比你想像中來得早、來得快！所以，把握現在，帶著孩子去旅遊吧，去哪裡都好，重點是陪伴，以及讓孩子看到世界的寬廣，進而相信他們未來潛力無限。心怡姐的這本書，能幫助你更快速地享受不同國家的文化和景緻，提點在旅途中可能遇到的小問題，最棒的是能學得一手好廚藝，滿足自己和孩子們的味蕾。

它不只是一本書，更是一場文化與美食的盛宴，在此推薦您共享。

東吳大學華語教學中心副主任
鄭匡宇

旅遊不再只是按圖索驥

孩子們，就讓我們一起冒險去！

我是曾心怡 Sunny，大家都叫我花花！首先，要感謝各位讀者購買這本書。喜愛烹飪料理的我，目前擔任實驗廚房「花．美學食堂」的美學總監，透過每次不同的料理主題，教導學員們做出一道道美味料理。我也是《親子天下嚴選》的駐站專欄作家，並不時與《蘋果日報》合作美食 DIY 分享。曾接受《Money》、《Fashion Queen》、《ELLE》、《SMART》等雜誌的採訪，並在二〇一五年和 Joel Hu 一起創辦了《WeCamp》雜誌以及「WeCamp 粉絲團」（www.facebook.com/wecampoutdoor）。

愛旅行、愛玩、愛生活的我，這次推出了我的第一本書《旅行餐桌：山城×古蹟×美食，花花媽私房行程邊玩邊上菜！用當地食材做出24道義法家常料理》，分享我帶著孩子到義大利、法國居遊的點滴。很多父母都覺得帶孩子出國很花錢很辛苦，我將在書中顛覆這個想法，以輕鬆、悠閒的方式與步調，用最經濟實惠的費用，帶著孩子來看世界！

這八年來，到過十三個國家、經歷了一百二十三個在國外居遊的日子。回想起當初想要寫這本書的初衷，最主要還是希望可以跟讀者分享，帶著孩子到世界各地體驗不同的文化與生活方式的心得，因為每次規劃行程時我總在想著，這趟旅程我能帶給孩子什麼？

若是可以，我最想給他們的是寬廣的世界觀，讓他們了解這地球上有各式各樣的人們，有著不同的價值觀、不同的飲食文化、不同的生活步調。因此，每次旅行前我與先生總會花很多時間討論，我們究竟要去哪兒？那個地方有什麼不一樣？有沒有很特別的人事物值得要探訪？

待確定地點之後，我們再接著進行下一步的規劃：開始考慮租車、買地圖、確認路線等事宜，並且得努力地從數百間民宿、公寓中找到我們短暫居遊的家。若是在鄉村，最好有著充足的陽光和舒適的庭院；如果在城市裡，我希望是擁有便捷的交通與完善的生活機能，房子裡有個灑滿陽光的廚房，而每天回家時，必定經過超市採買當天要吃的食材，全家人一起烹煮一頓色香味的當地家常料理。

這次規劃的義、法之旅，我們將旅行的腳步放得更慢，午餐通常會在外頭

嘗鮮，晚餐則一定買材料回家煮。由於是帶著孩子的旅行，無可奈何的一定得犧牲大人的夜生活時間，但卻換來難能可貴溫馨滿滿的親子時光，晚上和孩子一起畫下當天的旅遊日記，細數著今天旅行最難忘的回憶，這是我最珍貴的收藏！

針對這本書的內容規劃，我在每個景點後面特地規劃一個主題菜色，食譜內容則與主題有關，有的是在當地可以方便取材的料理，有些則是回國後我們用來回憶這場旅程的味道。每次的旅行，從開始準備就是一場華麗的冒險，期待透過這本書，跟大家分享帶著孩子們在世界冒險的心情！

最後感謝我的先生Jerry，總是好脾氣的為我完成每一場精彩的冒險旅程；感謝愛我的家人們，因為你們的支持，讓我有豐盈的能量完成這本書；感謝一直在我身邊的辣媽姊妹佳靜、雅馨、安芩、嘉雯、曉維、千惠，在我撰稿遇到瓶頸和挫折時永不缺席的鼓勵與陪伴；感謝愛情萬歲首席攝影師徐福百忙中抽出時間為我們拍攝溫馨的全家福照片在書中使用；感謝時報出版社專業的團隊們大梁哥、憶純、謹瓊、幸儀、思文還有攝影師石頭，謝謝你們伴著新手的我一步步踏實了這個夢想；還要感謝主，凡事在我不能的，但在神沒有難成的事，將這份榮耀歸於主！

花花

行前準備篇
帶著孩子去旅行

法國篇

尋找蒙娜麗莎的微笑

義大利

走吧，到一個 Pizza 與 Gelato 吃到飽的好地方……

【行前準備】Prepare

帶著孩子去旅行

帶孩子出國居遊，只是單純希望孩子親身去體會，這個世界很大。就像在孩子心中種下一顆種子，期盼在他們的人生中開出美麗的花朵。

RENDEZ-VOUS AU...
CAFE DE FLORE

旅行的起點

大兒子花寶一出生就有血小板低下的狀況，只要大哭或用力，身上就開始出現細細小小的出血點，因此花寶一出生就領了醫生叔叔的免死金牌，不能讓他哭、不能搖晃他、不能讓他跌倒。所以，花寶在一歲前幾乎都是抱在手上小心呵護著，直到一歲多，身體狀況才勉強穩定。也因此，花寶小時候非常黏人，幾乎整天要人抱著或是陪伴。帶孩子去旅行的契機，起初只是自己愛玩，所以不顧一切地在花寶剛滿一歲多就拎著他坐飛機出國，似乎就快忘了那一趟京阪旅行有多慘烈，只依稀記得大家輪流抱他抱到手都快斷了，回來的當天我發誓：「再也別想讓我帶小孩出國！」但記憶這個魔法師總是巧妙地讓我們很快地忘了不愉快，只讓我們不斷想起那些曾經的美好，所以不到四個月，我們又拎著花寶飛去澳門。

花寶在今年底（二〇一五年）就滿九歲了，從京阪旅行之後的這八年間，我們飛了十三個國家與城市，共計一百多個在國外生活的日子，最該感謝的就是總把長假都留給家人的老公 Jerry，由於珍惜每一個可以和家人相處的美好時光，我們堅持無論去哪裡都要一家人在一起。很多人甚至會不以為然地說：「孩子那麼小，不會記得你曾經帶他們去過的地方，根本是白白浪費錢，至少要等他小學三年級後有印象才帶出國玩！」

感恩的聖母教堂前廣場，小樹和偶遇的義大利小兄妹開心玩球。

我帶他們出國居遊的目的，從來不在於要他們記得爸媽曾經花錢帶你們去世界各地遊玩，也沒有要他們背誦各國歷史以及名勝古蹟的由來，我只是單純地希望他們能體會，這個世界很大，有不同的生活方式、不同的價值觀、甚至是不同的表達方式，了解在不同的時空背景下，會造就每個環境截然不同的氛圍。我的花寶是個心思細膩又敏感的孩子，他通常會用自己的方式來記憶一個城市，通常是特別的植物果實、食物的味道，或是某個特別的場景。小兒子小樹則是走一個完全不同的風格，他出國玩總會不怕生地與人互動，大方地跟外國人打招呼，想盡辦法吸引別人的注意，主動找外國小朋友一起玩，絲毫沒有語言隔閡。

就算他們倆以後什麼都不記得也無妨，這些都是我寶貴且珍惜著的回憶——永遠記得花寶兩歲生日前在沖繩的美麗沙灘上和小阿姨自製的沙堡蛋糕、在南法的格拉斯，花寶跌傷了可愛的小臉蛋，我多麼揪心不捨、六個月大的小樹在峇里島飯店泳池旁曬太陽時，他那比陽光還燦爛的笑顏、在威尼斯時，日本奶奶誤以為小樹是日本小孩，雞同鴨講聊了半晌的逗趣情景……，太多太多美好回憶，都是我們一家人一起踏過的足跡。

孩子常問我：「爸爸、媽媽，我們今年要去哪兒？」因為他們還小，所以我會挑選乾淨、安全、友善的國家，一般會在半年前決定地點，事先訂好便宜艙等的機票後，就會向孩子們預告今年的旅行目的地。這是一個資訊爆炸的時代，有很多管道可以蒐集相關資訊。通常我會先起個頭，幫孩子準備一些相關的讀物，也會通知老師，請老師這段時間可以多多介紹這個國家的資料，蒙特梭利系統的幼稚園會製作關於各個國家的教具，也可以幫助孩子對這個國家有初步的了解。

接下來這段時間，只要看到該國家的相關介紹與報導，無論是食、衣、住、行，甚至是財經或是政治，我也會提醒孩子們注意，例如二〇一四年的泰國行，剛好遇上了泰國的反政府示威活動，我會跟孩子們一起討論在新聞裡所看到的狀況，以及親眼見到的示威活動，這也是一個很棒的機會教育。遇到曾經去過該國家的親友，我也會讓孩子們詢問對那個國家的印象，為了讓孩子們更有感受，甚至在出國前一、兩週，跟孩子一起觀看以該國家為主題的旅遊節目，過程中還可以聊聊對哪部分特別有興趣，或是他們到了那裡想吃點什麼。

❷❶

1. 花寶抱著一本旅遊書，在巴黎的地鐵裡好奇地觀察著。

2. 烏特勒支的大街上遇到一群有趣的街頭藝人，小樹不怕生地參與了街頭藝人的表演。

不需要安排行程，也不刻意找資訊，就像是在孩子心中種下一顆種子，我們只要提供孩子充足的陽光、空氣、水，他就會長出屬於他自己的樣貌。實際上孩子們也總是給我很大的回饋與驚喜，我深信這些養分將會在某個不經意的時刻，讓孩子開出美麗的花朵，我不刻意地等待，但我會懷抱期望，這樣的信念讓 Jerry 跟我堅持著一定要帶著他們一直旅行下去。

找尋我們的第二個家

每當出門旅行，我總會刻意尋找住家形式的住宿，有寬敞的客廳、便利的廚房，睡醒後得自己疊被子、吃飽後得自己洗碗、撒了滿地的玩具得自己收拾，全家人還可以在飯後窩在沙發上，輕鬆地吃水果、聊天，孩子們會說：「這是我們在國外的家。」

通常我會挑選獨立的房子，一來是我們家五個大人加三個小孩出國去玩，孩子們偶爾興奮過頭會有點造反，再加上我不太習慣得一直跟不熟的人寒暄，隱私的環境會讓我自在一些；接著我會觀察客廳，舒適的沙發與寬敞的空間是必備條件，晚上可以一家人在客廳裡休息聊天，真正的放鬆休息；再來就是廚房設備，至少要有爐具跟鍋具，能夠準備簡單的早餐就行；最後若是有洗衣、乾衣設備，那就再好不過了！出國這麼長的時間，總不能帶十幾套衣服出門，因此兩三天能洗一次衣服是必要的。

如果是在鄉村，我會期待有個寬敞的花園，花園裡最好還有舒適的餐桌可以在戶外用餐；若是在市區，則不希望離地鐵太遠，空間小一點無所謂，交通便利最重要，若再有個小陽台就算是滿分了。屋主在網路上提供的照片是否足以讓我判斷房子的狀況也很重要，有誠意的屋主會將每個角落拍得很清楚，以免房客入住後觀感上有太大落差；負責任的屋主甚至會認真地介紹

❷❶

1. 義大利科爾托納的廚房有著舒服的自然採光，在這裡為家人備餐是種享受。
2. 比利時的公寓有一個寬敞溫馨的大客廳，我們在這兒享受了許多個美好的夜晚。

自己，並且隨時回覆房客的詢問；最後也是最重要的就是房客的評價，房客們的反應是再真實不過的評斷標準，部分用心的房東甚至會禮貌地在評價下面致謝。

近年來火紅的網路租屋平台 Airbnb 網站上有豐富的住房資源，是出國居遊時尋找住房的首選，不但房源豐富、品質穩定，不只是房客能夠留下對房東的評價，房東也可以評價房客，所以大家都很在意在網路上的旅遊紀錄。因此建議到 Airbnb 找房子的朋友，得要先認真地填寫個人資料與簡介，這樣可以幫助房東了解你，也會提高成功租房的機率！最後提醒大家的是，過往的住房紀錄也是房東審核很重要的關鍵，我非常感謝曾經租房給我的房東，都給了我十分高的評價，稱讚我們愛乾淨有禮貌，因此我們現在訂房幾乎是不曾被拒絕呢！

Tips

以下提供一些國外租房的網站給大家參考，希望大家都可以找到適合的在國外的第二個家唷！

Airbnb：www.airbnb.com
TripAdvisor：www.tripadvisor.com
ExPedia：www.expedia.com.tw
Booking：www.bookings.com
Agoda：www.agoda.com

在當地的交通工具

租車自駕旅遊是一個機動性高又能夠更深度與當地生活連結的方式。不需要配合大眾交通工具的時刻表、隨時可以調整行程。尤其是帶著小孩去旅行，如果孩子累了或是想休息，可以臨時改變行程，讓孩子在車上稍微休息一下，讓大人也能喘口氣。

我個人非常喜歡自駕旅遊，除了歐美之外，連到了日本沖繩、北海道以及泰國蘇美島，我們都是租車環島，不過有個很重要的前提，就是有人願意長時間開車，最好還可以有個副駕偶爾換個手，或是幫忙注意 GPS 的指示。

以往只有我們一家三口出門時，Jerry 擔負著帶我們上山下海的使命，最遠從巴黎開到尼斯，十多個小時的車程真的很辛苦。後來我母親也與我們同行後，我就能幫忙分擔找路以及設定 GPS 的工作，讓 Jerry 稍微輕鬆一些（其實我也可以幫忙開車，但 Jerry 總是貼心的希望我們可以在車程中稍作休息，從沒讓我開過）；之後又加入了妹妹一家三口，我只要負責在後座打點小孩，Jerry 和妹夫 Jacky 兩人可以互相支援，我們的自駕旅遊也越來越輕鬆省力。

不過，在國外租車有幾個特別要注意的事項：

在盧貝宏山區迷了路，索性找個蔭涼處讓花寶在車上小憩一會兒，待恢復了精神再繼續玩。

1.**向大公司租車：**Hertz 或 Avis 都是國際連鎖的租車公司，規模大、車輛種類多且齊全。通常租車時選的車款並不一定會是你租到的車子，租車公司會視當時狀況安排同等級或是同種類的車給你；小公司的車輛種類以及數量較少，容易會有必須屈就降級或是勉強接受手排車的困擾。除此之外，大公司在一些周邊配備上會有較多的配置，例如：嬰兒座椅、GPS 等等設備，少了這些東西也會在旅程中造成很大的不便。

2.**選擇自排車：**長途開車其實非常辛苦，盡量選擇輕鬆一點的方式。

3.**確認後車廂大小：**租車的簡介都會標示後車廂可放幾件行李，建議挑選比你需求再大一點的空間，若是在路上不小心採購了些什麼，才不會有必須將行李抱在腿上或是放在腳下的窘境。

4.**事先預訂嬰兒座椅及 GPS：**事前預約可讓租車公司有充裕的時間為你準備這些東西。

5.買保險：通常櫃台人員會詢問是否需要買保險，若是當天提供給你的車款是高價車款（例如：BENZ 或是 BMW），則會強制要求要買保險，保險費用約是租車費用的10～15％，建議大家還是買個保險，畢竟意外不是我們能控制，如果不小心真的發生狀況，處理起來不但耗時而且麻煩，還會壞了旅遊的好興致！

出發前的注意事項：

1.辦理國際駕照：準備護照正本、駕照、身分證、兩張照片，就可以到地區監理站辦理，若當天監理站人不多，大約半小時就可以拿到國際駕照囉！

2.攜帶國內駕照及國際駕照：歐洲某些租車公司會需要本國的駕照正本，我們就曾經在法國因為沒帶國內駕照，跟租車公司央求了半天，最後只好請家人幫忙傳真資料過來，讓人手忙腳亂呀！

3.自備 GPS：若是每年都會去歐美玩，建議自己投資一台 GPS，如果是

在義大利租的這台小車，帶著我們逛遍托斯卡尼小山城，之後回到台灣，把車換成同一款，繼續搭著它上山下海去探險。

去歐洲旅遊，推薦使用 TOMTOM 的機器，出發前記得購買圖資，並且先將預定要去的地點都輸入在機器裡，方便出國時使用。

最後要提醒大家，在國外開車還是要注意交通號誌以及交通規則，千萬不要存有僥倖的心態。我們曾經在義大利的盧卡（Lucca）因為沒注意號誌，把車開進禁止車輛通行的城裡，一年多後就收到義大利政府寄來的國際罰單，最後得在網路上用 Paypal 繳交罰款。開心出門、平安回家——這可是出國旅遊的最高原則呢！

Tips

租車公司推薦：

Rantalcars：www.rantalcars.com（提供各大租車公司的租車平台服務，常有特別優惠，而且方便比價，十分推薦唷！）

Avis：www.avis.com

Hertz：www.hertz.com

該怎麼餵飽一家子？

很多人看到外國食材或是想到要自己動手就直接舉白旗投降，其實在國外煮飯真的不難，花花在這裡提供一些小撇步給大家參考。

1.自備一包白米：出國時我通常會帶一小包米，尤其是帶著一歲多的小孩，孩子對外國飲食習慣不熟悉而且接受度不高。我會熬上一小鍋粥，再加點肉片、魚蝦，出門前加熱再裝入保溫杯裡，就是一頓營養均衡的餐點。

2.白麵條拌黃金芝麻醬：出國在外總有懶得煮飯又不想出門吃的時候，麵條的體積不大、方便攜帶，滾水煮一分鐘、撈起瀝乾後，再淋上黃金芝麻醬，簡單加一點生菜，就是方便又消暑的一餐，尤其在炎熱的夏天更是開胃！

3.超市採買必備食材：到了當地超市，我必定會採買的物品有雞蛋、牛奶、麵包、培根或火腿或香腸、義大利麵（通常會選擇貝殼麵、蝴蝶麵或是螺旋麵，方便孩子小口吃）、調味茄汁麵醬、起司（營養又方便，在煮飯時孩子吵著肚子餓，還能撕一小塊給他們止餓）、鹽、胡椒、橄欖油。有了這些食材，早餐就沒問題了，甚至能準備簡單的正餐唷！

❷❶

1. 花寶在托斯卡尼的超市，協助將食材秤重計價。
2. 阿姆斯特丹公寓的餐桌就面向後院小花園，孩子總是急著吃完飯，要奔向花園玩耍。

・蛋料理：簡單煎個太陽蛋、加入蛋汁量20～25％的鮮奶油下鍋炒蛋、或是方便帶出門讓孩子快速止飢的水煮蛋，都是營養又方便的早餐選擇！

・培根、火腿、香腸：可以煎香直接食用，也可以切片、切塊、加洋蔥拌炒，夾在土司或可頌麵包裡吃。

・義大利麵：義大利麵煮熟後，淋上調味茄汁麵醬就可以上桌，也可以加上蘑菇、青菜、雞肉或是海鮮，將食材炒熟，方便又簡單！

4.簡單好上手的料理食譜：出國前先研讀、了解當地食材的種類及變化，在國外沒有料理靈感的時候也可以參考一下菜單。現在網路資訊很豐富，若是上網方便，只要輸入食材的關鍵字，就可以找到很多變化料理唷！

出國體驗居遊生活，我十分建議大家可以讓孩子參與買食材的過程，孩子能挑選自己想吃的食材，甚至讓孩子們協助備餐。讓孩子們從這個過程中學會在異鄉該如何餵飽自己，嘗試不一樣的食材以及感受不同的飲食文化，是一種非常落實的生活體驗。

❷❶

1. 小樹和妹妹女兒 Sophia 喜歡逛超市，在烏特勒支的超市有小孩專用的購物車，能幫忙採購食材當小幫手，讓孩子充滿了成就感！
2. 比利時公寓的花園裡有一張舒服的戶外餐桌，迎著晨曦享受早餐，是我們在歐洲居遊最寶貴的時光。

花寶和小樹從小就陪著我逛超市，因此我們到了國外的超市，孩子們除了會挑選自己想吃的食材，還會跟我分享他發現了什麼新東西，像是朝鮮薊或是近年來在台灣也買得到的寶塔花椰，這些都是很棒的觀察活動。若是對食材不熟悉的孩子，可以從簡單的開始做起，例如到起司櫃前，讓孩子自己挑選喜歡的起司或是培根、香腸、火腿，甚至可以教孩子怎麼挑選新鮮健康的好食材、如何注意保存期限等等，都是很棒的機會教育。

回家後跟孩子一同分類整理食材，確定哪些要冷藏、哪些該冰在冷凍庫，請孩子幫忙收進冰箱裡。飯前也能跟孩子一起討論菜單，之後讓他負責一些簡單的工作，例如：洗菜、切菜、打蛋、擺放碗盤等等，擺盤跟裝飾也是孩子們很喜歡的工作，他們在參與這個過程後通常會很有成就感而且吃得更好！飯後再和孩子們一起收拾碗盤、切水果、準備點心。雖然是如此平淡的家居生活，但因為地點、以及環境氛圍的不同，更能讓孩子們感受到異國文化的不同。

我喜歡透過居遊的形式，讓孩子們更深入的體驗文化差異以及各地的風土民情。旅行的過程，同時也在訓練孩子獨立，讓他勇於嘗試新鮮的事物，加強對環境的適應力。在未來的某一天，孩子總會離開我們，也許不久的將來，他會在不同的國境生活，期望那時候他可以輕鬆地打點自己的生活起居，把自己照顧好！

沒有玩具怎麼辦？

現代的孩子物質生活十分充足，擁有滿坑滿谷的玩具，但要出國的時候，行李箱空間有限，就算是有足夠的空間，也不可能讓孩子帶一堆玩具出門。當孩子喊無聊的時候，該怎麼辦呢？在此分享花寶他們出國都玩些什麼！

1. **隨身攜帶夾鏈袋或束口袋：**花寶是個很愛探索大自然的孩子，加上幼稚園老師的長期引導，最喜歡蹲在地上觀察植物以及撿拾種子，尤其在公園裡有很多的植物、野草、野花，我會給他幾個夾鏈袋或是束口袋，讓他去收集種子或是撿拾樹葉，利用樹葉及種子在地上排列作畫，這也是花寶跟小樹最喜歡的戶外活動。

2. **觀察動植物及昆蟲：**花寶常會帶著昆蟲觀察盒出門，將路上遇到的小昆蟲放進觀察盒裡頭觀察，花寶負責抓昆蟲、小樹則是在一旁湊湊熱鬧學著觀察。天上的鳥、地上的蜥蜴、池塘裡的青蛙都是孩子們最好的玩伴。不過，在從事這個活動之前，一定要先讓孩子了解生命的可貴，這些動物及昆蟲是我們的玩伴，可以小心地抓來觀察，不可以粗魯地對待牠，而且觀察完後一定要放回大自然，愛護每一個寶貴的生命。植物的觀察也十分有趣。除了各

比利時公寓花園一隅長滿了野莓，花寶採了一大堆，準備做成果醬！

種形狀的葉子，夏季還能看到各式各樣的果實。

3. 激發孩子的好奇心：跟孩子觀察環境，然後探索背後的豐富訊息。例如：凌空的鳥兒飛到哪裡？牠們是從哪裡飛來的？種植葡萄樹的土壤這麼乾燥，為什麼樹不會死掉？為何一棵樹上有兩種不同的樹葉？透過這些問題讓孩子天馬行空的隨意幻想，找出合理的答案。

4. 簡單的桌遊：體積不大的桌遊或是紙牌遊戲，可以讓孩子們一起玩，或是大人小孩同樂，打發無聊的時間又可以增進家人情誼。有幾個遊戲推薦給大家，HABA有許多小鐵盒裝的配對遊戲很適合小小孩；大小孩可以玩一些紙牌遊戲，十分推薦「誰是牛頭王」。

5. 旅遊日記：我通常會給孩子準備一本空白筆記本和色筆，讓他隨意地揮灑當天的旅遊回憶。花寶很有自己的想法，他會把當天撿到的果實、種子、入場卷、門票貼在筆記本上；原本預期小樹只是隨意塗鴉，但後來發現他會自己畫了圖後，請大人或哥哥幫忙做註記，內容充滿童趣，十分可愛。

6.分配家庭工作：由於我們住的大多都是出租公寓，因此在離開之前還是得做些簡單的清理，我會安排小孩做一些簡單的工作，像是擦地、擦桌子、收拾浴室等等，平常也會要求他們收拾玩具，整理自己的背包等等工作。希望孩子無論到哪裡都能有良好的生活習慣，也期待能培養孩子為家人分攤工作的責任感！

我其實不擔心孩子在戶外會有什麼危險，因為大自然就是孩子最棒的遊戲室，十分推薦大家閱讀約瑟夫·柯內爾（Joseph Cornell）的著作《探索大地之心》，書裡有介紹一些大自然裡的活動。我的經驗是只要稍微引導，孩子們會自己發揮創意，有時甚至精彩得超乎你的想像！至於晚上在家，做些靜態的活動，畫畫、玩桌遊，也都很好打發時間，還有一個很重要的就是，盡量讓孩子們九點就上床休息，畢竟旅行需要很好的體力，孩子睡飽了才有穩定的情緒，這樣的孩子就會是我們旅行中的小天使唷！

❸❶
❷

1. 隨時備著紙筆，隨處寫生或是記錄旅行點滴都是很好的活動。

2. 孩子們在晚餐後幫忙擦地板，協助整理家務。

3. 小樹坐在科爾托納公寓前一大片開滿小白花的草地上，數著花瓣，享受青草的氣息。

【法國】France

尋找蒙娜麗莎的微笑

前往這個充滿藝術氣息與浪漫氛圍的夢幻國度，開啟孩子對藝術與美食的感官，實地感受法國人慵懶的優雅。

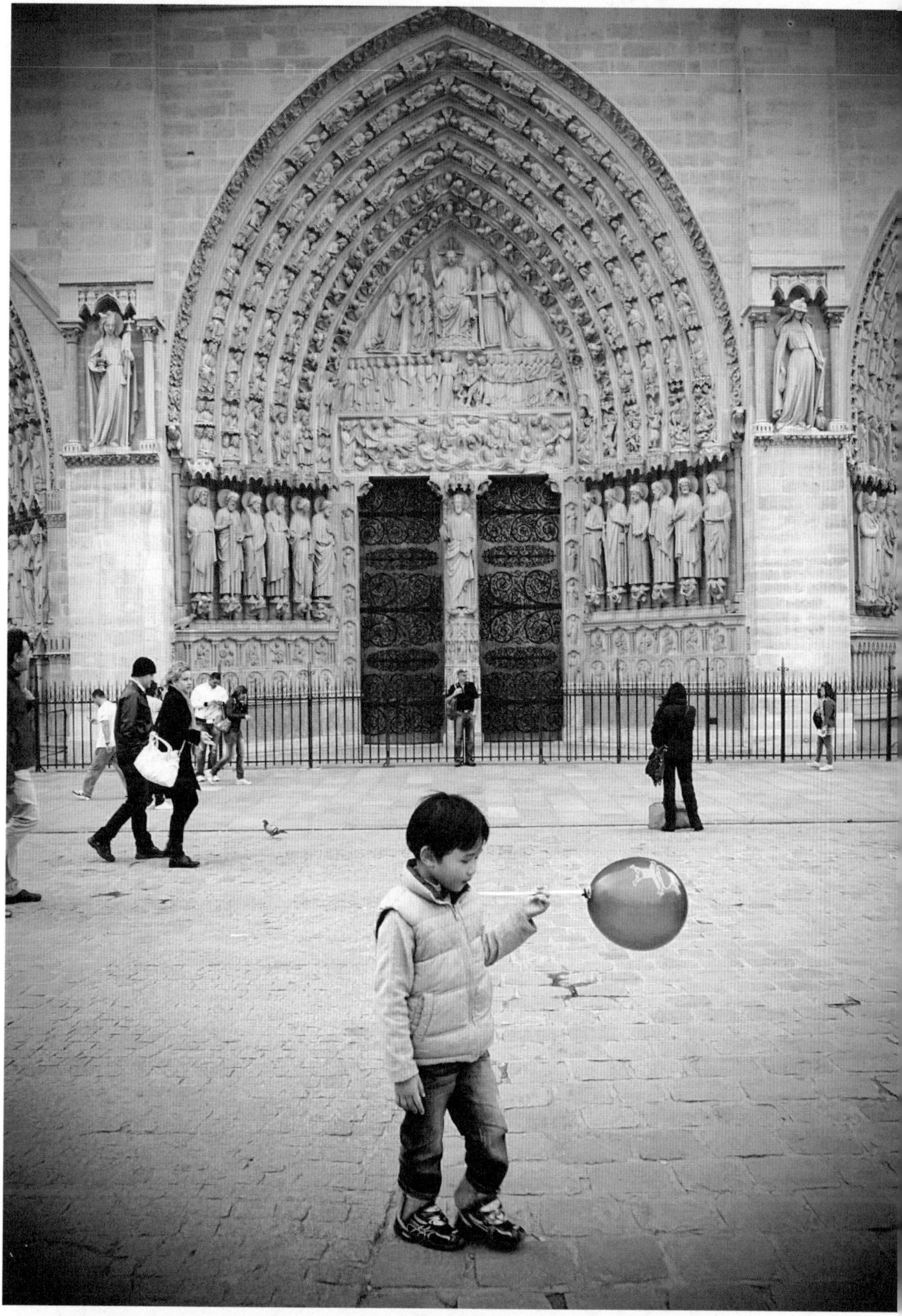

色彩繽紛的馬卡龍

去法國旅遊，其實是我私心期待享受浪漫的法式氛圍，滿足心中對這夢幻國度的幻想。但旅程總不能只顧及我一個人的想望，尤其是四歲的花寶，若只是配合爸媽出國玩，對這麼小的孩子來說的確太辛苦了。所以，在出發前我思考著：「該怎麼讓他對這趟旅程抱有期待，以及如何讓他學會感受當下氛圍並留下美好的回憶？」

單是生硬地講解歷史及古蹟，孩子絕不會有興趣，得先就花寶的喜好來引導他。花寶是達文西迷，對達文西的畫作有很深的興趣，所以我先挑選了幾本達文西的小百科。再來，花寶向來對特殊造型的建築物充滿好奇，於是我挑選了幾個著名建築物的相關資料。最後，花寶愛美食，我找了幾款法國著名的甜點，因為花寶在台灣就嚐過這些美味的甜點，讓味覺敏銳的他比較差異之處。最後，我還找了一本童書《法國尋寶記》，希望能藉此擦出新的火花。

將資料找齊後，我花了一點時間整理，準備透過幾個不同的面向，加深花寶對法國的認識。

1. 羅浮宮收藏的達文西畫作——〈蒙娜麗莎的微笑〉及〈聖母與聖子〉

❷❶

1. 終於親眼看到巴黎鐵塔，Jerry把花寶放在肩上興奮的合影。
2. 花寶在羅浮宮前等得不耐煩，到處逛逛。

2.法國著名地標——巴黎鐵塔、羅浮宮的玻璃金字塔。

3.孩子都愛玩沙、玩水、玩石頭，因此讓他期待會去海邊玩，分辨尼斯的黑石頭海灘和坎城的白沙海灘有何不同。

4.讓他知道他最愛的馬卡龍是巴黎的著名甜點，有兩家特別有名的馬卡龍可以讓他評鑑一下。

5.《法國尋寶記》有提到關於歐洲的四大鑽石，花寶從小就喜歡亮晶晶的東西，四大鑽石裡有兩顆展示於羅浮宮，分別是五十五克拉的桑西，還有一四〇點五克拉的攝政王。

我覺得不適合讓他強記景點或要求他對環境有很高的感受力，所以我打算以「安排任務」的方式，帶著花寶在旅行中玩樂。先是陪著花寶閱讀達文西小百科，讓花寶知道〈蒙娜麗莎的微笑〉就收藏在法國巴黎羅浮宮，他可

以親眼看到這幅畫作，這件事讓花寶雀躍不已。同時，讓他知道除了〈蒙娜麗莎的微笑〉之外，在羅浮宮也能看到〈聖母與聖子〉。接著找了羅浮宮的玻璃金字塔照片給花寶看，告訴他只要找到這個金字塔，就可以看到〈蒙娜麗莎的微笑〉。

我對花寶說：「除了達文西的畫作，羅浮宮裡面還有很多寶藏，像是歐洲的四大鑽石，有兩顆就收藏在羅浮宮呢！我們到羅浮宮的時候，要想辦法把它們找出來唷！」接收到任務的花寶，摩拳擦掌興奮地等不及要挑戰。

花寶因著這趟旅行，也會主動拿起我的旅遊書翻看，他開心地跟我說：「媽媽，妳看這個石頭糖，看起來好好吃唷！」趁著孩子開始對這趟旅程產生興趣，我告訴花寶：「我們這次會到世界上最美的海灘去喔！有個海灘上全都是像這樣的圓圓石頭，也因為這樣，當地就把巧克力做成石頭的模樣，讓來這裡遊玩的人帶回去作紀念！」花寶又問我：「所以，法國的海灘都是這樣的石頭嗎？」我回答：「當然不是呀！只有尼斯可以看到這麼特別的石頭海灘，像是坎城的海灘就是白色的細砂唷！」小花寶的心裡開始期待著這個很特別的石頭沙灘。

我總是認為，只要在孩子心中種下一顆種子，身為父母的我們只要每天

❷❶

1. 花寶一踏進羅浮宮，便急忙打開地圖，想確認該去哪兒尋找蒙娜麗莎。
2. 花寶最愛的馬卡龍，一次就能把一盒吃光光！

澆一點點水、給予些許養分，他就會發出讓我們意想不到的美麗枝葉。接收任務的孩子開始自己尋找與法國有關的資訊。

他吃馬卡龍的時候問我：「媽媽，去法國是不是可以吃很多很多的馬卡龍？」我點點頭答應他，然後跟他說：「法國的首都巴黎有一家最早開始做馬卡龍的店叫做 Ladurée。曾在 Ladurée 店裡擔任主廚的 Pierre Hermé 後來也開了一家甜點店，有人說他是甜點界的畢卡索，這位大廚師創新了很多不同口味的馬卡龍，我們到了巴黎一定要兩家都試試，比比看哪一家好吃喔！」愛吃馬卡龍的花寶樂翻天，迫不及待地想馬上飛去法國。看到電視裡提到法國，他會專心的聽著與法國相關的訊息，在學校裡也會詢問老師有關法國的事情。

於是我們家的小小花寶，就這樣帶著滿滿的期待以及豐富的任務，開啟了這一趟冒險的旅程。

尼斯

我們在尼斯的家

帶著四歲的孩子搭了十多個小時的飛機，一出機場立刻租車再繼續十小時的車程，我們在法國的第一個目的地就是蔚藍海岸。抵達巴黎時的天氣很糟，陰鬱的天空一直飄著綿綿細雨，心想離開這裡也好，過幾天回來時天氣應該就好轉了吧？旅程中的疲憊讓我們胃口都不好，用台灣帶來的月餅和小蛋糕墊了肚子後便連忙趕路去。

花寶是個個性十分穩定的孩子，在旅途的過程中不太吵鬧發脾氣，無聊時只要給他紙筆或是小玩具，就能讓他穩定好一會兒，若真不行的話，反正是自己開車，沿路一家人唱唱歌講講笑話，時間也很快就過去了。

抵達蔚藍海岸時已是晚上八點，天色昏暗。第一晚的公寓 Interieurs Cour 並不在市區，而是在機場附近的市郊，離市區約十五分鐘車程。車子往小山坡上開去，沿途沒有人車，心裡很是慌張。好不容易找到了民宿，聯絡房東才知道他出門去了，大約要十五分鐘才能到。不過，我們足足等了三十分鐘，才看到他帥氣地現身。房東引著我們將車停進停車場後，上樓進到我們的小公寓，將鑰匙遞給我們後，說有問題再打給他，就笑咪咪地離開了，我們根本還來不及詢問任何問題。

折騰了數十小時，我們真的又累又餓，打開行李拿出我們的滿漢大餐，

陽台的戶外沙發區是我們的最愛，從早坐到晚，美麗的景色怎麼也看不膩。

只想趕緊來碗熱熱的麵慰勞這一路的疲憊。走進廚房找個鍋子裝了水、放上瓦斯爐，這才發現瓦斯爐是壞的，幸好還有個熱水壺可以煮熱水，勉強能泡麵。吃完後想好好洗個澡，卻發現竟然沒有吹風機。我一整個有種被騙的感覺！這到底是怎麼一回事呀？但我真的好累好累，顧不得溼答答的頭髮，抱著花寶倒頭就睡著了。

隔天起床後走出陽台，金黃色的陽光灑在戶外的休閒桌椅上閃閃發光，走到陽台邊，尼斯城與海岸線盡在我的眼前，紫紅色的光線讓低空盤踞的雲朵顯得極有層次，這會不會太美了呀？終於有空把行李整理一下，翻出了我的法寶——白麵條和芝麻醬。

我不死心地再試一次瓦斯爐，神奇的是竟然能用了！想必昨天晚上是老天心疼孕婦太累，想讓我別開火是吧？終於可以開心的煮麵吃早餐。但沒睡

飽的花寶起床後因為疲累也有點鬧，索性讓他看電視配著法文卡通吃麵。出來玩就讓自己輕鬆點吧！

待吃飽後，才有力氣好好看看這個市郊山坡上的小公寓，這個小公寓帶著濃濃南洋風格，入門處有一張簡單的小餐桌，一組很大的沙發，陽台上還有一套舒服的戶外沙發。由於陽台的風光實在太美好，我們到離開前都不曾使用過室內的餐桌，陽台連通著房間，房間裡是一整個浪漫的粉紅，讓向來大剌剌的我不太自在。寬敞的廚房空間、方便的廚房用品，再加上復工的瓦斯爐，讓早上起床的我們十分滿意。

山下約五分鐘車程就有一間中型規模的超市，商品品項十分齊全，我特別喜歡水果跟蔬菜，每一種蔬果都飽滿剔透，光是拿在手上都覺得好舒服。用些我最愛的新鮮無花果加上各式生菜，淋上些巴薩米克醋和純優格就是豐盛的好滋味。我每天早上都會準備滿滿三大盤，坐在陽台望向美麗蔚藍的尼斯海岸，看著飛機起降，好好地享用這充滿陽光能量的新鮮蔬果，愜意地開始每一天，美得連自己都覺得太不真實。超市裡還有價格十分便宜的礦泉水和氣泡水，來到法國怎麼能不多喝點氣泡水呢！在法國，氣泡水跟礦泉水價格差不多，六大罐大約是三歐元，太實惠了！

❷❶

1. 超市當中販售著熟透了的香甜無花果。
2. 坐在尼斯公寓的陽台就能盡覽這療癒人心的無敵美景。

花寶有午睡的習慣，因此每天午飯後都會讓他在公寓裡稍稍休息一下，這時我和老公就拿著自己的書和一杯加了冰塊的氣泡水，坐在陽台邊享受溫暖的陽光，偶爾抬頭看看海天一線的美景，午後天空萬里無雲，不過依然有著豐富的色彩層次。這一年的秋天，我們一家實地體會到了法國人慵懶的優雅。

Tips

法國人愛喝氣泡水，當中的天然礦物質可以幫助解除餐後油膩感，讓口腔恢復乾淨的味覺。法國天然礦泉氣泡水的品牌多，種類也很豐富，不過我最愛的是一款來自義大利的SANTA VITTORIA小天使礦泉水，氣泡綿細、含鈉量低，這幾年在台灣也能買得到，我通常會買上一箱來消暑呢！

充滿
地中海風情的
鮮蔬沙拉

無花果優格沙拉

秋天是無花果的季節，在超市還有水果攤都能看到十分便宜的無花果。新鮮的無花果加上芝麻葉還有紅捲，佐以原味優格，再淋上一些巴薩米克醋，用清爽新鮮的口感揭開一天的序幕。

材料

無花果	4 顆
綠捲、紅捲	各 1/2 棵
甜菜葉	一把
優格	200 公克

做法

1. 綠捲、紅捲、甜菜葉洗乾淨剝成小塊，瀝乾水分備用。
2. 無花果洗乾淨，切成四等分。
3. 依序放上紅捲、綠捲、甜菜葉、無花果，豪邁地淋上優格，就完成了。

尼斯

蔚藍海岸沙灘上找尋石頭糖

來到法國前，我問花寶有沒有最想去的地方或是最想吃的點心，他不假思索地回答：「我想吃石頭糖！」石頭糖其實是尼斯的著名伴手禮「尼斯石頭巧克力」，這種充滿色素的糖果，我真的一點都不期待會好吃，不過，既然花寶想吃，那就去找找吧！

尼斯市區離公寓大約只有十五分鐘車程，所以我們可以先在陽台悠哉地享受美麗的晨光。尼斯海灘其實是一個礫灘，沙灘上滿是各種顏色形狀、表面光滑細緻的鵝卵石，踩在上面很有腳底按摩的感覺。花寶著急地問我：「媽媽，我的石頭糖呢？」這孩子也太心急了吧？我請他在這裡好好玩一會兒，我們再去找。

尼斯海灘真的很美，海面和浪花閃著熠熠銀光，連被海浪打溼的石頭都發出刺眼的光芒，我這個疲憊的孕婦斜躺在礫灘上放空，花寶則忙碌的撿拾石頭，不時地跑來跟我報告：「媽媽，你看這個藍色的石頭很漂亮！」「媽媽，你看我撿了一顆正方形的條紋石頭！」我鑑定過後，花寶還會再給 Jerry 鑑定一次。我才正想在海岸邊上打個盹，就聽到花寶大哭的聲音，直說 Jerry 把他的藍色石頭給弄丟了！愛子心切的 Jerry 也只好打起精神幫忙找花寶眼中那顆獨一無二的藍色石頭。不過，我印象中那應該不是石頭，而是玻璃酒

花寶在沙灘高興地撿拾著漂亮的石頭。

瓶碎片，經過海水的長期沖刷把稜角都磨圓了。

為了轉移花寶的注意力，Jerry 只好帶著花寶去海邊踏浪。蔚藍海岸的秋天已經有些許涼意，我們看優雅的法國美人兒的比基尼布料一塊比一塊精簡，我以為會是舒服的溫度，都忘了我們三個台灣來的亞熱帶居民穿著長袖還覺得想打噴嚏，所幸陪花寶踏浪也算是個體力活，Jerry 的身子沒一會兒就暖和了，花寶也玩得氣喘吁吁，坐在一旁看著最愛的兩個男人玩得好開心，我也覺得好滿足！

午餐時間我們開車回公寓吃飯，在尼斯的午餐通常都是簡單的炒麵，這兒的超市有販賣彈牙有嚼勁的新鮮蛋黃麵，以橄欖油簡單把洋蔥炒香，加點有益健康的鮭魚塊，再把燙熟的麵條拌進鍋裡吸收湯汁後，簡單搭配個橄欖

油清炒時蔬和玉米濃湯，就是營養又簡單的午餐。Jerry 跟花寶也很喜歡，我們連續吃了好幾餐。花寶眼睛盯著法文卡通，手裡捧著一盤洋蔥鮭魚蛋黃麵，尼斯的美麗落日撒在沙發上，我跟 Jerry 坐在陽台欣賞著美麗海景，還有肚子裡的小樹伴著我們，第一個晚餐和尼斯的陽光一般好溫暖。

尼斯的市區就像一般觀光勝地那樣的喧囂熱鬧，但又多了一些熱情。店家喜歡用黃、藍、紅的鮮豔色彩以及貝殼妝點店鋪，充滿海洋風情！此時的花寶對於找石頭糖這件事已經到了一個無法再忍耐的狀態，我也只得趕緊尋找糖果店。其實，尼斯市區的糖果店不少，除了販售石頭巧克力，還有各式各樣顏色繽紛、造型有趣的糖果，相較之下，石頭巧克力的色素還算少，祈禱花寶別變心要我買那些很可怕的糖果！幸好向來不貪心的花寶就只是要石頭糖，而這石頭糖也不是普通的貴，小小一袋約莫十數顆，要價五歐元。我把錢交給花寶，讓他自己去結帳，還不忘提醒他要跟阿姨說 merci（法文的謝謝）。可愛的店員阿姨還教花寶說 merci bugu，果然這樣說更可愛！花寶迫不及待打開嚐嚐，簡單說來就是石頭造型的 M&M's 巧克力，不過總是讓孩子圓了小小心願。

尼斯市區的停車位並不好找，Jerry 把車停在限時兩小時的車位上，因此得千里迢迢回去再投一次停車費，我則是帶著花寶在尼斯廣場吹泡泡、畫畫

❷❶

1. 樸實可愛的石頭糖。
2. 父子倆踏著夕陽餘暉，漫步回家。

打發時間。秋老虎果然還是十分毒辣，在公園裡沒曬多久就有種暈頭轉向的感覺，趕緊找個有大樹遮陽的地方休息。看著來來往往的人群，發現這裡的人步調非常慢，感覺不疾不徐，涼涼的海風吹著吹著，真讓人想躺下來好好享受一番。

因為城區裡的氛圍太愜意，當下決定晚餐就在市區吃，讓我停工一餐吧！挑了一間手工碳烤披薩店，點了比臉還大上兩倍的大披薩，最後吃不完還打包了一大塊回家。我們刻意繞到海邊，沿著尼斯海灘走回停車場。踩著美麗的晚霞踏上歸途的時候，Jerry說：「我們老的時候一定要來這裡長住，每晚的這個時候，就到這海灘上手牽著手散步聊天。」我的天呀！這夢想也太美了吧！疲憊的花寶已經不想再撿石頭，賴著要Jerry揹回家，天色漸漸變暗，的確也該回家了。

Tips

法國超市裡通常都會販售新鮮的麵條以及麵餃，價格較乾燥麵條高一些，保存期限比較短，但充滿麥香而且十分有嚼勁，建議到法國想自己下廚的朋友，可以買一些來嚐嚐，相信你一定會愛上！

鮭魚鮮、
洋蔥甜、
麵條Q彈

洋蔥鮭魚蛋黃麵

尼斯的超市櫃上，每一塊發亮的新鮮魚肉閃閃發光，感覺不斷跟我招手說「買我！買我！」挑塊新鮮的鮭魚，買了現成的蛋黃麵，這就是我們在尼斯的第一餐。

材料

蒜末	1 小匙
洋蔥（切丁狀）	半顆
鮭魚塊	200 公克
蛋黃麵	250 公克
橄欖油	4 大匙
高湯	4 大匙
新鮮巴西里	適量

做法

1. 蛋黃麵放入滾水中煮到麵條可以用手捏斷的程度，用漏勺瀝乾備用。
2. 熱鍋加入橄欖油，放入蒜末翻炒，加入切丁洋蔥炒軟。
3. 放入鮭魚翻炒到八分熟，加入高湯，攪拌烹煮至湯汁呈現白濁狀。
4. 加入麵條，翻炒 1 ～ 2 分鐘，灑上切碎的新鮮巴西里就完成了。

格拉斯

香氣滿溢的浪漫山城

來到南法，我最想去的地方就是這個小小的香水城，覺得愛花的花寶一定會喜歡這個滿是香氣的城市。從尼斯出發大約三十分鐘左右車程就到了，這是個乾淨舒服、很有味道的小城，種滿了各式各樣的美麗花朵。入城口有一家很精緻的蔬果鋪子，店門口的三層架籐籃內擺放著六到七個品種的葡萄，還有鳳梨、蘋果、橙，忍不住帶著孩子進去逛逛。隨意堆在籃子裡的新鮮無花果、乾淨渾圓又沉甸甸的土雞蛋、櫛瓜、洋蔥、圓茄，還有一些生活雜貨，雖然只是一間小店，但感覺非常新鮮有活力，讓人忍不住想多買一些帶回公寓裡。

格拉斯有個浪漫的香水博物館，坐落在小城入口十分顯眼的位置，除了介紹香水的歷史和製作過程，還可以參加調香的體驗。橘黃色外牆、白色木窗，充足的陽光從葉縫間透出落在樸質的雕花欄杆樓梯上，這是屬於陽光南法的浪漫印象。當我正在享受這舒服的氛圍時，花寶開心地跑來跟我說他撿到了一顆特別的果實，原來是一個無花果！抬頭一看才發現原來我的頭上就是一棵枝葉繁茂的無花果樹，花寶急忙尋找乾淨的水把無花果洗乾淨嚐嚐，可惜無花果已經過熟，組織硬化難以下口，但花寶還是拿在手上當個寶。

離開博物館往小鎮走去，停車場圍籬上的碧綠長春藤在陽光下閃耀光芒，

❷❶

1. 香水博物館橘黃色的外牆映著藍天，讓人感覺十分舒服而溫暖。
2. 師傅熟練地以T型棒將麵糊薄薄的攤平在鐵板上加熱。

整潔的街道風光，還有地上的方形石磚，散發出悠閒的城市風情。第一次踏上歐洲大陸的花寶，在巷弄內簡直是用跳耀著前進，路旁的帽子店、彩色繽紛的糖果店，都讓花寶忍不住停下腳步，趴在玻璃窗前開心的跟媽媽分享著。

在小巷子中發現了一間販賣法式可麗餅的小攤販，我們在旁觀察了一會兒，發現不斷有當地人過來外帶邊走邊吃，花寶被色彩繽紛的醬料和水果吸引著，流連著不願意離去，於是也跟著排隊嘗試一下。師傅現場製作，有兩種選擇，一種是以白麵粉做的薄餅Crêpe，搭配巧克力、果醬、水果等甜味餡料，另一種則是較厚的全麥煎餅Galette，通常搭配培根、火腿片、起司、雞蛋等鹹味餡料。布列塔尼地區的居民以可麗餅代替麵包當成主食，麵皮吃起來軟滑帶有一些彈性，跟台灣常見的酥脆餅皮差異很大，並不受孩子喜愛。我個人偏好有著酥脆口感的可麗餅，對這種軟軟不成形的可麗餅真的不太有好感，但拗不過孩子閃亮亮眼神的請求，我們還是點了一份讓他嚐個鮮。不過試了一口，才發現箇中奧秘呀！餅皮不如想像中那麼濕糊，是帶著彈性韌度的餅皮，和著色彩鮮艷的果醬，但我個人覺得全麥麵皮搭著起司還滿香的。謝謝花寶的堅持，讓我沒錯過了這個好味道。

沒吃飽的花寶，因為肚子餓開始躁動，所以還是得再找別的食物填飽他的肚子。走到旁邊一個同樣熱門的三明治小攤，買個簡單的蔬菜三明治，酥

脆的法國麵包裡夾著燻雞、嫩菠菜、蕃茄，還有帶著煙燻起司風味的沙拉，非常夠味好吃，花寶一口接一口，瞬間就吃光了！在旅行中不經意的挖掘街頭美食，也是一場有趣的探險遊戲。

格拉斯是法國香水業的中心，被譽為世界香水之都。法國的香水和食品調味料有三分之二是由這個小城市生產的，Fragonard 則是其中規模最大的一家香水公司，在小巷弄裡稍轉個彎就可以看到，店裡各式包裝精美的香膏、香水，免費試擦跟試聞，美麗浪漫的包裝，層次豐富的各式香氣，讓人忍不住多帶一點回去跟朋友們分享，可愛的花寶除了會自己去找單品的香氣，還會自己試擦複合式的香氣，然後跟我分享他聞到什麼味道，感覺他把自己當成專業的試香師了，很認真的記憶每種花的形狀跟名稱，真的是個愛花的孩子。

帶著全身香氣，我們心滿意足地回到停車場。晴朗的天氣、舒適的溫度，讓人捨不得離開，所以讓花寶在停車場旁邊的小公園再玩一會兒，花寶開心地吹泡泡，孕婦也可以坐下來休息一下。沒想到我不過恍神一會兒，花寶就從階梯上跌下來，整個臉擦在地上，造成鼻子和臉頰的挫傷，花寶大哭不止，我們也只好倉皇離開。好不容易安撫了哭泣的花寶，他哭久也餓了，拿了早上買的超貴葡萄，邊掉眼淚邊吃。帶孩子出門玩真的要時刻注意，一不小心

❷❶

1. 店內展示著各式保養品與香水，供大家自由試用，花寶穿梭其中，並不時與我分享感想。
2. 花寶在廣場上吹泡泡玩得很高興，沒想到下一秒就摔倒跌傷了。

發生意外，會讓旅程變得慌張而不愉快。花寶跟我說：「媽媽，我不要再到處亂跑了，鼻子好痛而且妳變得好不開心！」我抱著他說：「寶貝，媽媽不是不開心，只是很心疼，自責怎麼沒把你照顧好呀！」

原本哭個不停的花寶，吃了一些葡萄後就昏昏沉沉睡著了。安排旅程的時候，若是不那麼大的景點，距離又不是太遠，我通常會選擇早上、下午各一個行程。早上逛完後簡單吃個午餐，前往下個目的地最好大約是一個小時車程，孩子可以在車上好好小憩，等到了下午的景點，孩子精神正好，又可以開心地玩耍。帶孩子出門千萬別想著把行程排滿檔，要求孩子跟著大人的速度趕行程，尤其是年紀小一點的孩子，對名勝古蹟或熱門景點的感受度不高，這樣的規劃會讓孩子覺得無趣而吵鬧。所以，適時安排午休是非常重要的，精神飽滿又開心的孩子，才能讓旅程盡興而美好呀！

Tips

格拉斯有幾家香水工廠都有調香的課程，當時因為我們時間不能配合，因此忍痛放棄，不過，能在這裡製作出獨一無二的香水帶回家，真的是一份很難忘的紀念品。建議可以上網查詢課程時間，或是一到格拉斯就先確認調香課程的時間，千萬別錯過了唷！

道地的口感
勾起回憶滋味

焦糖香蕉巧克力法式可麗餅

餅皮帶有彈性不軟爛，搭配甜蜜的香蕉與巧克力，襯托著奶油香氣，是一道大人小孩都喜歡的甜點。

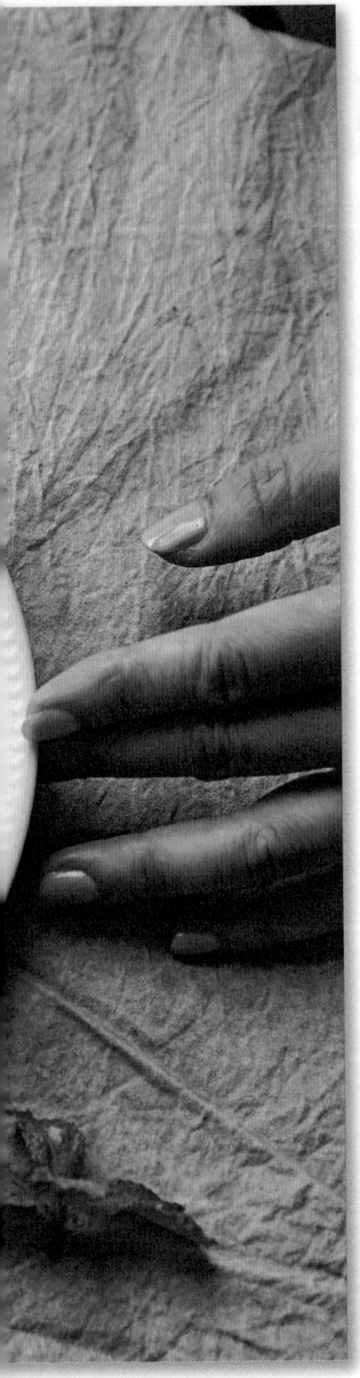

材料

香蕉	2 根
砂糖	15 公克
低筋麵粉	125 公克
鹽	1 小撮
雞蛋	2 個
牛奶	300 毫升
奶油	30 公克
鮮奶油	1 大匙
巧克力	15 公克

做法

1. 取一個鍋子放入香蕉切片，均勻撒上砂糖，以噴槍讓砂糖焦化，先放置鍋內保溫備用。
2. 將麵粉過篩後，加入鹽、打散的蛋、融化奶油、牛奶拌勻，再將麵糊過篩加入鮮奶油攪拌均勻，靜置 15 分鐘。
3. 將平底鍋加熱，轉中火，鍋底刷上一層奶油，倒入適量的麵糊，快速轉動鍋身，讓麵糊均勻地沾滿鍋底。
4. 待麵糊凝固時，鍋邊的麵皮捲起，此時晃動鍋子，讓餅皮與鍋身分離，確認底部略呈金黃色時，將四邊往內折起成為方形。
5. 將香蕉片放入可麗餅上，淋上融化的巧克力就完成了。

坎城

夢幻的銀白色海岸線

坎城，一般的印象大概就是海港、影展、豪華大飯店。不過，我對影展跟豪華大飯店興趣缺缺！坎城最吸引我的其實是美麗的海岸線。尼斯的海灘是有著深淺層次的鵝卵石礫灘，坎城的沙灘則是一整片雪白銀亮的細沙，沙灘後方矗立著高級的海景大飯店，住在能夠眺望這片美麗海灘的飯店，應該所費不貲吧？

花寶在車上補眠，睡飽醒來第一句話就是急忙問我：「媽媽，沙灘到了嗎？」原來不只是我期待去到美麗的沙灘，花寶也是呢！將車停在城區街上後，立刻往沙灘奔去。

秋日午後的沙灘，不若夏天般養眼，稀稀落落的比基尼遊客，趴在沙灘上曬著日光浴。但還真是冷，穿著長袖吹著海風仍然感覺快打噴嚏，我幫花寶把外套給穿上，穿著長袖厚外套玩水還挺突兀的，感覺民情真的很不一樣，歐洲人習慣穿輕薄的服裝，或許是因為習慣了這樣的溫度而不怕冷，不像台灣人總是喜歡幫小孩穿得像顆肉粽，孩子稍微吹個風就感冒。

花寶開心地在沙灘上挖沙坑、踏浪，Jerry 則是跟著孩子一起在沙灘上奔跑，教花寶怎麼做沙球，不過，製作沙球的難度對四歲孩子還是太高，花寶

❷❶

1. Jerry 正在教花寶做沙球。
2. 只穿一條尿布的小嬰兒，與穿長袖外套玩水的花寶，形成了有趣的對比。

因為不斷失敗而沮喪地發著脾氣，我則是攤在一旁放空發呆，享受難得的片刻寧靜。

這時，看見一對推著推車的夫妻走來，一到沙灘就把還包著尿布的孩子衣服脫得精光，讓小嬰兒只穿著一件尿布在沙灘上爬，爸爸拿著單眼相機忙著幫孩子留下經典的照片，媽媽則是在後方照顧孩子，這畫面真是美好！

回到停車場的路上，看著沙灘邊一整排美麗的景觀餐廳，戶外客人桌上的鮮魚料理，上頭撒了新鮮的香料還有酸豆，感覺好新鮮，讓我嘴饞了起來。帶著一個玩累了的吵鬧花寶，只能眼巴巴地看著路人大口吃著美味的烤魚，於是回程繞到坎城的超市，買了漂亮的鱈魚片，因為地理位置鄰近漁港，漁獲果然新鮮許多，今晚回家就來個清爽的香煎魚排佐檸檬奶油醬吧！

孩子在雪白沙灘上幸福地奔跑著。

花寶跟我說：「媽媽，雖然我今天早上跌倒受傷了，但還是玩得好開心，因為這裡的沙灘真的好好玩，跟石頭海灘一樣好玩。」看到孩子開心的笑容，心中原本那股沒把花寶照顧好的自責，似乎也釋懷了一些。旅程中一小段浪費生命的行程還真是不能少，讓自己單純享受環境的氛圍也是另一種幸福。

Tips

坎城沙灘大多都是高級大飯店的私人沙灘，只開放給房客或是需要支付入場費用才能享受沙灘日光浴。節慶宮前方有一塊公共的沙灘，若是想到帶孩子去沙灘玩水的朋友，要記得準備一條乾毛巾或是浴巾幫孩子清理身上的沙子唷！

媲美
餐廳大廚的
感動滋味

香煎魚排佐檸檬奶油醬

新鮮鱈魚片煎得香酥，簡單用檸檬及鮮奶油調味，搭配冰涼白酒，享用著屬於我們的新鮮海味。

材料

中筋麵粉	3大匙
鹽	1小匙
胡椒、酸豆	適量
巴西里	適量
圓鱈	1片（約200～250公克）
玄米油	2大匙
奶油	45公克
檸檬汁	1/2顆

做法

1. 魚排兩面均勻裹上混合好的麵粉、鹽、胡椒，稍微拍掉表面多餘的粉。
2. 玄米油倒入平底鍋以大火加熱，油熱到冒煙時，將魚排入鍋，轉中小火，兩面分別煎3～4分鐘，直到表面呈現金黃色。
3. 將魚放在加熱過的盤子中保溫。
4. 稍微用紙巾擦拭鍋底，放入奶油融化並加熱使之呈現淺褐色，關火後加入檸檬汁、切碎的巴西里、酸豆，稍微拌勻，將魚放入鍋中沾上醬汁，起鍋並將剩餘醬汁淋上，就完成了！

艾克斯 恬靜雅緻大學城

來法國前，我問了常跑歐洲的好友 Ricesu 小姐：普羅旺斯要怎麼玩？她告訴我，原本亞維儂是她最愛的法國城市，但前一次的法國旅行，她發現亞維儂變得很不一樣，並且意外發現另一個城市艾克斯有著十分悠閒雅緻的氛圍，並且充滿了文化氣息，因此建議我們可以住在艾克斯。

聽從她的建議，我們選擇了位於艾克斯的民宿公寓。在前往市區的路上，我們為了尋找停車位，在城區外的學校附近圍繞了好幾圈，最後終於在一所高中旁邊找到一個尚有車位的停車場。將車停妥後，沿著學校的圍牆散步，看著在操場上踢足球的大男孩，感受到年輕的氣息，多好呀！走著走著又遇到另一個學院校區，學生們背著雙肩背包、抱著厚厚課本，三五成群在學校附近站著聊天或嬉鬧。再拐個彎就進到了艾克斯的市區。

很明顯可以感受到這是一個以學生、老人、歷史以及遊客結合的小城。公寓房東告訴我們，很多人退休後會來到艾克斯置產，在這裡享受退休生活。除了這裡的氣候宜人、陽光充足，最主要還是因為艾克斯的生活機能充足豐富，每週固定舉辦手工藝品及二手市集，琳瑯繽紛的織品以及花卉讓人目不暇給。充滿歷史的房舍與名牌商店結合，成為最有味道的店鋪。除此之外，由於艾克斯坐落於山林之間，因此只要短短數分鐘的車程，就可以盡覽壯麗

❷❶

1. 艾克斯著名的圓亭噴泉。
2. 米拉波林蔭大道市集上琳瑯滿目、色彩繽紛的織品。

的普羅旺斯田園風光。擁有絕佳的地理環境，難怪有這麼多人選擇在這裡享受退休生活。

花寶一進市區就開始吵著肚子餓，我趕緊開啟「食物搜尋雷達」幫孩子覓食，感覺花寶根本就是有預謀地拉著我往前走，小手指了一間店跟我說：「媽媽，這裡有東西可以吃！」進了店裡，櫃子裡有甜點、輕食還有冰淇淋，我讓花寶挑了個麵包和三明治，再讓他挑兩個甜點，就當成餐後的小驚喜吧！花寶餓得受不了，才結完帳就鬧著要在門口的小桌上直接吃，拗不過四歲小童，只好趕緊打開餐盒，花寶開心地吃了半個三明治，識貨的小手毫不遲疑地移到精緻的甜點上，三色莓果布蕾還有閃電泡芙，沒兩下吃得一乾二淨，笑咪咪地跟我說這家店的甜點真的好好吃！精緻的法式甜點總有著迷人的療癒力呀！

吃飽後就能夠開始城市探險了！這裡的氛圍很有歷史感，知名的品牌以一種十分低調的方式隱藏在這些老宅邸裡，就算是世界頂級名牌也是以不破壞原貌的方式，讓購物與文化遺產的風雅融為一體，那種協調毫無違和的感受，讓我有了一個十分美好的小鎮經驗。穿梭在巷弄裡，尋找我喜歡的童裝品牌，

為還在肚子裡的小樹挑選可愛的童衣，花寶也在一旁為弟弟揀選適合的尺寸，逛街時，花寶真是我最好的幫手。

結束了購物行程後，我們漫步到了米拉波林蔭大道，從小巷鑽出來就看到美麗的市政廳、噴泉，以及一旁的雙叟咖啡館，充滿文藝氣息的高雅風情，讓人不自覺地放慢每個動作，優雅地陶醉其中。沿著米拉波林蔭大道往前走，恰巧遇上了每週六舉辦的紡織品市集。色彩華麗、織工精細、充滿浪漫南法風情的美麗紡織品讓人捨不得離開。花寶則是興奮地在廣場上追著鴿子玩，銀鈴般的笑聲引來不少爺爺奶奶帶著笑意的目光。

再往前走一會兒，著名的圓亭噴泉映入眼簾，正當我忙著想拍些美麗的噴泉照片時，花寶好整以暇地坐在一旁，拿出背包裡的畫冊和蠟筆，說要畫出噴泉的圖，我輕鬆地坐在他身旁，安靜地伴著花寶畫畫。沒想到米拉波林蔭大道上熙來攘往的人們被花寶吸引，不少人駐足看看這孩子在畫什麼，有的人給孩子一個淺淺微笑，爺爺奶奶則熱情地比了個好棒的手勢。原本只是想坐下來休息的母子檔，竟成了林蔭大道上不經意的風景！

❸❷❶

1. 艾克斯市政廳以及秀麗的市政廳噴泉。
2. 在圓亭噴泉前寫生的花寶，意外成為林蔭大道上可愛的風景。
3. 在行程結束前總會給花寶一支冰淇淋當獎勵，謝謝他乖巧地陪伴我們看世界。

在米拉波林蔭大道與雙叟咖啡裡頭喝咖啡、聊天、放空的人們，就是這條路上最夢幻的風景。坐在露天咖啡座中，啜飲一杯咖啡，看著流淌的噴泉，在日光下閃耀著瀅瀅的光芒。完成大作的花寶則是在普羅旺斯的陽光下不停跳躍旋轉，跳累了就在旁邊的小天使冰淇淋店點上一份砌成玫瑰花型的巧克力冰淇淋，花寶說：「媽媽，原來這就是普羅旺斯呀！」

Tips

艾克斯的市集時間

1. 手工藝品市場、跳蚤市場：週二、四、六在凡爾登廣場。
2. 蔬果市場：週二、四、六在佈道者廣場以及黎謝爾姆廣場。
3. 花卉市集：週二、四、六在市政廳廣場。
4. 紡織品市場：週二、四在米拉波林蔭大道，週六在司法宮。

充滿能量的鮮美蔬果

普羅旺斯燉菜

普羅旺斯熱情的陽光沐浴下，盛產漂亮的各色蔬果！新鮮蔬果的甜美滋味，配上法國麵包，讓人充分感受到普羅旺斯陽光的能量。

材料

綠櫛瓜、黃櫛瓜	各 1 條
圓茄	1 顆
蕃茄	2 顆
大蒜	2～3 瓣
洋蔥	1 顆
巴西里、百里香、月桂葉	各適量
橄欖油	5 大匙
番茄丁	2 杯

做法

1. 將綠櫛瓜、黃櫛瓜、圓茄、番茄清洗乾淨後，全部切成 2mm 薄片，大蒜剁碎、洋蔥切丁，把三種香草綁成一束備用。
2. 鍋中加入少許橄欖油熱鍋後，用中火慢炒洋蔥丁，炒至微微上色且變軟後，放入番茄丁炒約 1 分鐘後，加入香草束，蓋鍋蓋燜煮 20 分鐘。
3. 將洋蔥番茄糊鋪在烤盅底部，將綠櫛瓜、黃櫛瓜、圓茄、番茄依序排列放入烤盅。
4. 烤箱預熱 220℃，再移入燉菜盅烤 20 分鐘。
5. 最後淋上適量橄欖油即可上桌。

艾克斯 我們在艾克斯的家

或許因為找房子對我而言太疲憊，所以一直拖到最後一刻我才開始找艾克斯的民宿，當時網路上推薦的艾克斯民宿和公寓都被訂滿，但是行程都定了，再難找也得卯足全力拚一拚，最後則是在網海中找尋到 Loft52。網站的照片很美，還簡單介紹了這個屋主從事政府公關相關工作，在艾克斯市中心和市郊各有一間公寓，市中心的公寓規定要連住三天，而市郊的公寓則沒有限制，因此我就預訂了市郊的公寓。

訂房後我左思右想，怎麼想都覺得不對，這個民宿是獨立網站，沒有透過仲介或是租屋網站，會不會有問題呀？於是便以房東提供的地址在 google 地圖上尋找，發現這個地方是一片草地，找不到門牌。房東也很有個性，要求我訂房後要匯款到她的帳戶內，無法透過 paypal 或是信用卡交易，到銀行詢問該怎麼處理，才知道匯款手續費可能跟支付的訂金差不多。這讓我更加遲疑，我到底該不該相信這個房東？由於匯款手續費實在太高，因此我找了一個從事法國商品代購的台灣女孩，支付一些手續費給她，請她幫我付款。她人很好，也幫我確認了資料，跟我說以她的經驗來看應該不會有問題，如果真有問題，我在法國可以隨時跟她聯絡，她可以協助我處理。因為沒有其他的選擇，所以只能賭一把了！

設計感十足的客廳，房東貼心地為我們多準備了一張床。

我們和房東約了下午四點，Jerry 依著導航的指示，將車開進一個草跟人一般高的單行道小巷子，Jerry 平時是個溫文儒雅的好好先生，但只要把車開進這種莫名的小路，就會像變了個人似的開始不耐煩，怪我找這個什麼鬼地方，會不會根本就被騙了……，其實最擔心的是我呀。最後開到一個長得根本不像是網路照片的地方，幸好是下午來，要是晚上來這裡我肯定會被嚇暈。

打電話給房東，卻沒人接電話，而且遲遲不見蹤影。時間一分一秒過去，Jerry 的臉色越來越沉，我也越來越緊張，大約等了四十分鐘，有一輛車開過來，停在我們的車後，一個穿著時尚的女子下了車，問我是不是訂房的房客。她解釋剛才因為等小孩下課有點遲了（但並沒有道歉）。然後讓我跟著她的車繼續開，原來我們等待的地方根本不是要住的地方，還要再往裡頭開，Jerry 一直叨唸著這到底是什麼地方，連條路都沒有，進去會不會發生什麼事情。我耐著性子跟 Jerry 說，對方車上只有兩個小孩，而且她看起來很優雅，應該不至於啦！

開了約一分鐘車程，眼前看到一扇約莫一米八的鐵門，鐵門打開後，映入眼簾的就是網路上看到的房子還有枝葉茂密的大樹，終於能先喘一口氣。

把行李搬進房裡，迫不及待跑上二樓，鋪設著柔軟寢具的臥房、裝有玻璃天窗的浴室，我終於可以放下心了。我一個不注意，花寶就不見了，房東前來告訴我，花寶跟著她的小孩到家裡玩，我不好意思地跟房東說我擔心會造成她的困擾，房東微笑跟我說沒問題。

果然不出我所料，不到十分鐘房東就來找我，然後跟我說：「我實在不知道他為何就突然大哭了起來？」我也很難向她解釋為何這孩子四歲了還這麼黏媽媽，只好苦笑把花寶帶回房子裡。

將行李就定位後，才有空好好欣賞這個美麗的房子。大約兩百坪的大空間裡有兩棟兩層樓的建築物，分別在大門後的兩側，右手邊是我們的民宿Loft52，另一間則是房東家。兩棟房子間有爬滿常春藤蔓的高架長廊，通過長廊後就是一片長滿油亮草皮的花園，花園裡有兩張舒服的躺椅，還有一個戲水池，花園四周種著稀稀落落的薰衣草。花寶自在地在草地上打滾，這真的是我夢想中讓孩子自在成長的完美環境呀！

❷❶

1. 玻璃天窗讓浴室有著柔和的自然採光，泡澡成了十分完美的享受。
2. 挑高夾層的二樓房間，柔軟舒服的寢具，讓我們一夜好眠。

當天傍晚房東告訴我，她隔天一早要帶孩子去參加夏令營，不會再回來，所以請我離開前把鑰匙交給她朋友就行。之後這房子就只剩下我們一家三口，還有房東留下的兩隻小狗，每天從廚房窗口灑下的暖暖陽光，還有花園裡傳來 Jerry 與花寶的嘻笑聲，讓我好捨不得離開這個夢想中的完美公寓，常春藤架旁飛舞的浪漫紗幔，還有躺在花園裡看書發呆的美好時光，是 Loft52 留給我們最美的回憶。

Tips

出國前特別準備了 Fées 法緻 baby 旅行組。若是住進有浴缸的公寓，就能享受一場法式香氛泡泡浴，泡過澡後，孩子總能睡個香甜的好覺呢！

營養滿分的早餐料理

燉菜蛋包

煎一個蛋皮，裡面包進滿滿的普羅旺斯燉菜和培根，
清甜的蔬菜伴著培根香，加上滑嫩的蛋皮，
這可是十分不簡單的簡單料理呢！

材料

雞蛋	2個
培根	2片
普羅旺斯燉菜	適量
橄欖油	1大匙

做法

1. 將普羅旺斯燉菜加熱，盛起瀝乾水分。
2. 將鍋子加熱，倒入橄欖油，轉中小火，將雞蛋打散，倒入鍋中，同時轉動鍋身讓蛋液呈現圓餅型。
3. 待蛋汁底部稍凝固，鋪上培根，再舀適量的普羅旺斯燉菜放在中間，用鍋鏟將蛋皮翻過來蓋住材料，成為餃子狀。
4. 用小火將兩面各烘1分鐘，即可完成上桌。

茹瑪隆與APT

市集挖寶最有趣

不知道是從何時開始，我對名牌服裝和奢侈品完全無感，取而代之的是對各種異國風情的生活家飾用品陷入無止盡的慾望深淵。來到普羅旺斯，路過各大名牌商店，我完全沒有打算要進去，倒是無比浪漫的古董亞麻布、南法鄉村風的餐具、大大小小的鑄鐵鍋、各式花色的籐籃，令我愛不釋手，心頭忖量著行李箱到底還有多少空間可以把這些好東西扛回家！

若想要好好感受普羅旺斯生活，千萬不要錯過每個城鎮的市集，從市集就能一窺當地的生活方式。無論是普羅旺斯風格的家飾品、嬌豔欲滴宛如精品的莓果、現烤的香料烤雞、新鮮的現開生蠔、重達五到六公斤的超好吃雜糧麵包、可以現場試味道的鴨肝醬與豬肝醬、多達十數種口味的風乾臘腸、各式香料……，在市集裡可以找到普羅旺斯人家所有的必備物資。要去市集之前，記得先備上一個擁有你個人風格的籐籃，弄清楚市集的營業時間，就可以去體驗充滿普羅旺斯風情的生活方式了。

來到了普羅旺斯，我鎖定了幾個重要的市集，第一首選就是每週五上午的茹瑪隆鮮貨市集，還可以順道逛逛茹瑪隆這個小巧的城市。再來就是夏天的每週二、六上午的APT蔬果市集，也十分精采！房東告訴我，這幾年由於艾克斯成為新的旅遊重點城市，除了房價水漲船高，物價也是高得驚人，很

❷❶
1. 販售超大雜糧歐包的型男老闆。
2. 猶如精品般排列整齊的新鮮蔬果。

多艾克斯居民因為習慣過去樸實的生活，紛紛移居附近的城市，住在艾克斯的他們也固定會到附近的茹瑪隆或是 APT 採買生活必需品，看來真的不能錯過這兩個重要的市集。

由於市集只有在上午，因此我們特地起了個大早，驅車前往茹瑪隆。遠遠的就看到一個小小的山城，我們在城牆旁的停車場把車停好，往市區裡走進去，早上九點的市區一片寂靜，見不到太多人，似乎連窗台上的貓咪都覺得我們有些惱人，我也正覺得奇怪，市集應該要有很多人呀！怎麼不見半個人影，又繼續往前走去，開始出現背著籐籃的人們，跟著人群往前走，終於到了熱鬧的市集，原來人都聚集在市集了，難怪城裡不見人影呢！

市集裡應有盡有，有賣海鮮的超大冷藏櫃拖車、各種等級產區的橄欖油、色彩繽紛包裝精美的各式香料、橄欖木製成的各種餐具、南法風情的拿鐵碗……，你想得到的這裡全都有！我們開心的一攤一攤逛著，遇見人潮眾多的攤商，就湊熱鬧的排隊買些來嚐嚐。這裡的麵包可不是一個一個挑的，麵包攤老闆桌上擺放一堆堆約莫五到六公斤重的雜糧麵包，點好品項後告訴老闆要多少，老闆會現切秤重結帳。我發現大家都買了一款黑橄欖的麵包，因此有樣學樣地切了一塊，拿到麵包後趕緊跟 Jerry 和花寶在旁邊找個地方撕一

口嚐嚐，細細咀嚼帶勁耐嚼的麵包體後，濃郁麥香在口中奔放的散開來，真是無比美味，因此Jerry又再去排隊多買一塊，準備當隔天的早餐。

在市集的一隅又發現有人群聚集，趕緊使出歐巴桑功力，用力擠進去，這才發現是現開生蠔的攤商。老闆見到有亞洲女孩靠近，上前詢問我要哪一種，當我還在猶豫的時候，老闆現開了一只生蠔擠上檸檬汁，送到我面前請我吃，也太豪氣了吧！馬上請老闆幫我挑了六只生蠔，總共竟然不到四歐元！帶著海洋香氣的新鮮生蠔，只要簡單擠上些許檸檬汁，就能展現生蠔最完美的風情，這六顆生蠔大部分都進了我的肚子裡了！

拐了個彎，又見人群聚集，上前一看發現是試吃各式風乾臘腸的攤商，老闆大方地請我們試吃各種口味，愛吃臘腸的花寶一口接一口，老闆熱情地每種都切給花寶試吃，雖然語言不通，但靠著比手畫腳，我們竟也買了一大袋的臘腸。市集裡有各式各樣的攤商，販售皮製提把籐籃、各式蕈菇、醃漬蔬果，我買了幾個牛蕈菇、一些油漬風乾蕃茄，還有香味誘人的烤雞。午餐就在市集旁的小公園，吃手扒雞配麵包，真是美好的市集經驗呀！花寶跟我說：「媽媽，這個是法國的菜市場嗎？為什麼他們的市場那麼乾淨？感覺好

❸❷❶

1. 老闆大方切著各種不同口味的風乾臘腸讓花寶試吃。
2. 織法及款式多變化的藤籃。
3. 花寶對於鮮豔多汁的莓果完全沒有抵抗力，用心挑選著今晚要享用的餐後水果。

像百貨公司的超級市場唷！」孩子，這可是法國多年的文化薰陶累積下的生活美感呀！

茹瑪隆街邊咖啡館裡當地人喝著咖啡看報紙，或是邊聊天邊午餐，平淡樸實的悠閒，和高貴的艾克斯很不一樣，原來這才是普羅旺斯的生活風情。茹瑪隆市區裡有許多精緻的家飾品，我最愛的 Cote Beside 在這裡有一個充滿生活風情的展示空間，門口低調的招牌讓人非常容易錯過，各式特調香料的沐浴用品、美麗的亞麻織品，真是讓人難以抵抗的誘惑。假如還有機會造訪普羅旺斯，我應該會選擇落腳在茹瑪隆，這樣質樸平淡的普羅旺斯風情，深深吸引著我。

經歷了美好的茹瑪隆市集經驗，我們隔天又安排了 APT 的夏日市集。APT 的城區感覺比較擁擠，好不容易在市集入口不遠處找到了停車位。一進市集就能明顯感受到與茹瑪隆精緻的生活風情有些差異，各色蔬果、舊書攤、便宜的造型肥皂、沒有過多包裝的香料，商品種類大同小異，但生鮮蔬果的比例明顯較茹瑪隆市集更多一些，價格比起茹瑪隆則是親切許多，由於當天晚上住宿的民宿無法下廚，因此就算價格親切也無法下手。逛著逛著遇到了一個賣鴨肝及豬肝醬的攤商，熱情的上前招呼著我們，送上了自製的鴨肝醬佐法國麵包給我們品嘗，雖然這醬料的鴨肝比例不那麼高，但香氣十足，口感不那麼滑順，超適合當成早餐麵包的佐醬，一大罐才五歐元，所以也帶了一些回台灣。

市集入口前方有一家人潮滿滿的甜點店，櫥窗上擺著華麗的修女泡芙塔，愛熱鬧的我不假思索帶著花寶擠進去，店裡除了馬卡龍、修女泡芙還有各式法國麵包與精緻的法國甜點。來到法國卻還沒吃到馬卡龍的花寶吵著要買馬卡龍，我就任他隨意挑了六個，又搶了櫃檯上最後一顆修女泡芙。結帳時我著實愣住了，那顆小小的修女泡芙要一歐元，但馬卡龍竟然是秤重賣，一包六顆竟然不到二歐元，當下心中懷疑味道該不會很糟糕呀。上車後，我和花寶迫不及待吃了起來，修女泡芙美味得太過分啦！薄脆的焦糖糖衣包裹著填滿滑順焦糖卡士達醬的小巧泡芙，三個人分食瞬間就沒了，好後悔剛才應該多等一會兒，搞不好可以多買幾顆泡芙。再來就是馬卡龍了，花寶一口咬了半顆，立刻把剩下半顆放在我嘴前說：「媽媽，這個馬卡龍好好吃，妳吃吃看！」一吃果然驚艷，外皮酥薄、內在綿滑，加上濃郁巧克力香氣的內餡，

②①

1. 在 APT 市場販售肝醬的可愛老闆。
2. 馬卡龍隨性地以玻璃袋裝著，秤重論兩地販售。

真想叫 Jerry 立刻回去再多買一些。這可說是最令我難忘的普羅旺斯甜點店！

普羅旺斯市集探險真的十分有趣，提著籐籃與當地人一同採購生活用品，除了能貼近當地生活，也深刻體驗到舒服愜意的鄉村風情以及豐富的生命力，在市集裡的冒險之旅是我們最精采的普羅旺斯回憶。

Tips

不可錯過的當地市集！

・APT 鮮貨及舊物市集：六～十月的每週二、六上午。
・Lourmarin 鮮貨市集：每週五上午。
・Cadenet 鮮貨及手工製品市集：每週一上午。
・Cavaillon鮮貨市集：每週一、五上午（夏季盛產甜美的普羅旺斯香瓜，必吃！）

超推薦的甜點店「Le Fournil Du Luberon」

・地址：129 place de la Bouquerie 84400 Apt
・電話：04-90-74-20-52
・推薦必買：馬卡龍、修女泡芙

薄脆焦糖與綿滑內餡的華麗享受

焦糖卡士達修女泡芙

APT市集小甜點店的焦糖泡芙令我難忘。內餡的焦糖卡士達醬搭配裹在上頭的脆口焦糖，真是太迷人了！回到台灣反覆試做，終於找回那帶著豐富層次的甜美滋味。

材料

卡士達醬

砂糖	80 公克
鮮奶油	50 公克
鮮奶	300 公克
香草莢	1/2 根
蛋黃	4 個
玉米粉	30 公克
室溫奶油	35 公克
白蘭地	2 大匙

外皮

水	200 公克
奶油	90 公克
鹽	1 小撮
低筋麵粉	120 公克
雞蛋	4 個

焦糖液

砂糖	125 公克
麥芽糖	25 公克
水	40 公克

做法

卡士達醬

1. 將一半的砂糖放入鍋中煮至金黃色並有淡淡焦香，倒入已加熱的鮮奶油及鮮奶和香草莢煮沸，一邊攪打均勻。
2. 製作蛋黃醬：取另一料理盆，加入 4 顆蛋黃以及其餘一半的砂糖打發，加入玉米粉攪拌均勻。
3. 將煮沸的香草牛奶放至微溫，分二到三次加入蛋黃醬中攪打均勻。
4. 將混合的醬汁倒入鍋中加熱至沸騰即離火，取出香草莢，繼續以餘溫攪拌至糊狀。大約降至 50℃時，混入奶油快速攪打，再加入白蘭地拌勻。
5. 放入泡有冰塊的容器中使之冷卻，裝進擠花袋內排出所有空氣，放置冰箱保存。

外皮

1. 單柄鍋中放水、奶油、鹽，以中火煮至沸騰後離火，加入低筋麵粉，用木勺攪拌均勻。
2. 所有的材料都混合均勻後，再以中火加熱，用力攪拌，直到鍋底感覺出現薄膜後便關火。
3. 趁餘溫將蛋汁慢慢少量加入，確實拌勻後，裝在擠花袋中備用。

焦糖液

將糖、麥芽糖、水加入鍋中，煮到呈現金黃棕色。

組合

將卡士達醬擠進泡芙內，前端沾上焦糖液，待焦糖液變硬即可食用。

奔牛城

尋找美好的一年

許多人心目中對於普羅旺斯的印象，應該都來自於電影《美好的一年》（A Good Year），而電影中男主角的家就在盧貝宏山區奔牛城的小酒莊 Chateau La Canorgue。好愛這個故事又愛酒的我怎麼能錯過呢？奔牛城非常迷你，許多巷道小到只能單向通車，車子開進城裡一不小心就又開出城了。奔牛城並不是因為城裡會有群牛狂奔，只是音譯，而原著小說作者彼得．梅爾（Peter Mayle）就住在這裡，因為這本書大受歡迎，這裡一躍成為熱門景點，作者不堪其擾，已經搬離此地。但盧貝宏山區的美麗景色，還是值得花點時間上來看看。

我們沒花太多時間在奔牛城，直接往最高的石頭城頂走上去，小徑兩旁長滿松果的松樹，比眼前的盧貝宏山景更吸引著我！一顆顆松果逗趣地站在松葉上，著實非常的可愛呀！而落了一地的松果則是吸引了花寶的注意，花寶撿拾滿手的松果，當成寶貝般在地上玩著，邊玩邊唸著：「這一顆要送給外婆，這一顆是我的！」這孩子撿到什麼寶貝就想跟外婆分享。Jerry 和我則是倚著觀景台陶醉在眼前的迷人山景。觀景台上標示著盧貝宏每個山城的方向，沒能參觀其他山城的我們，在這裡好好的享受了眼前迷人的遼闊畫面。

❷❶

1. 往奔牛城制高點的路上，刻畫著歷史痕跡的斷垣石牆。
2. 從奔牛村觀景台往下看的盧貝宏山景。

接著就來到我衷心期待的酒莊 Chateau La Canorgue，想到電影裡那棟暖黃的建築物與一望無際的葡萄園，還有好酒可以喝，真是開心呢！依著 GPS 的指示，我們在盧貝宏山區裡左轉右轉，不停地上山下山，就是找不到。山區裡難得遇到幾個人，沒有人知道這個酒莊在哪。我們就這樣在山區裡晃了兩個小時，最後已經暈頭轉向，只好宣告放棄。號稱人肉 GPS 的老公，除了不喜歡開進單向的石子小路之外，再來不能接受的就是無法找到老婆指定的景點，遇到這些事情會激起他熊熊的怒火！我們一回到公寓，Jerry 趕緊上網尋找 Chateau La Canorgue 的詳細地點，大約查了五分鐘，他說明天一定在二十分鐘內讓我喝到好酒！

第二天一早，我們果然不到二十分鐘就找到了 Chateau La Canorgue，那昨天到底是怎麼回事呀？酒莊門口的橡樹下掉落一地的橡樹果，第一次看到橡樹果的我也覺得好驚喜，完全就是卡通裡松鼠會抱在手上的果實長相，真是超級可愛！花寶又撿了滿手，說要帶回家送外婆。別人來法國都是帶名牌包或化妝品當成伴手禮，可愛的花寶卻只送給外婆一大袋各式果實。

走進試酒室的小道旁，一大片的葡萄園，在普羅旺斯陽光的照射之下，葉子閃耀著金光，不禁放慢腳步享受這舒服的氛圍。Chateau La Canorgue 是個在羅馬時期就有釀酒紀錄的城堡，Margan 家族經營這個酒莊已經進入第四代，近幾十年來開始採用有機農法種植葡萄，堅持著這股信念製造品質優良的葡萄酒，因此 Chateau La Canorgue 在當地也算是有機葡萄酒的先驅。進了試酒室，侍酒師告訴我們只剩下前兩年份的紅酒和白酒，我想要的粉紅酒已經賣完了，我們試了一下，還是比較喜歡酒體飽滿、充滿果香的紅酒，於是只帶了瓶紅酒。在試酒室裡還有不少《美好的一年》的拍攝紀錄，以及電影裡那款酒「失落的角落」，不過只剩下樣本的空瓶了，很是遺憾。

看著花寶在莊園裡奔跑，讓我想起電影男主角童年在莊園裡玩耍的畫面，我坐在一旁休息，抬頭就是男女主角用餐品酒的露臺，陽光從艷麗的橘黃色

❸❷❶

1. 酒莊裡專業親切的侍酒師。
2. 《美好的一年》電影中「失落的角落」。
3. 電影中男主角的家。

建築旁兩棵大樹蔥鬱的葉縫間灑下，想起電影裡的亨利叔叔發現男主角下棋作弊後，對他說：「我喜歡釀酒，因為這神聖的甘露無法欺騙你，早摘、晚摘都沒關係，你每啜一口酒會帶著百分百的誠實，潺潺地流進你的嘴裡。」或許這正是葡萄酒迷人的地方吧！

Tips

Chateau La Canorgue

・官網：chateaulacanorgue.com
・地址：Route du Pont Juien-84480 Bonnieux- France
・電話：04-90-75-81-01
・開放時間：
七、八月的週一到六，早上九點到晚上七點。
其他月份的週一到六，早上九點到中午十二點、下午二點到晚上六點。

一口咬下，大大滿足！

法國麵包雞肉蔬菜三明治

遍尋不著電影裡的酒莊，不服輸的 Jerry 決定隔天再試一次。擔心迷路耽誤了午餐，把前一天的烤雞做成三明治，無論是否有找到，都可以找個好地方坐下來，享受一個悠閒的午餐時光。

材料

法國麵包	1 條
洋蔥	1/4 顆
甜菜葉	1 顆
烤雞胸	1 塊
千島沙拉醬	適量

做法

1. 烤箱預熱 220℃，法國麵包灑少許水後，放入烤箱烤 5 分鐘。
2. 洋蔥切絲，放入冰水中去除辛辣味，甜菜葉洗淨瀝乾，雞胸肉切片後均備用。
3. 將法國麵包取出剖半，內層塗上沙拉醬，依序放入甜菜葉、雞胸肉、洋蔥，擠上適量沙拉醬。
4. 以油紙將三明治包起來，就可以帶著出門隨時享用了！

Lirac

我們在戀戀酒鄉小城 Lirac 的家

只要在網路上搜尋普羅旺斯民宿，十之八九都會找到「小普羅旺斯」（La Petite Provence），到底是哪個背包客第一個發現這個可愛的民宿早已不可考，但這裡儼然成為台灣背包客最愛的普羅旺斯落腳處。在我一進到民宿時，民宿主人 Guillaume 就跟我說：「我們這裡又叫做普羅旺斯的小台灣！」

好友夫妻檔前不久才去過小普羅旺斯，因為沒注意時間（也可能是貪玩）在夜裡沒有 GPS 的狀態下大迷路，半夜打給民宿主人 Guillaume 尋求幫助，Guillaume 口氣不太好的說：「You are REALLY LATE!!!」讓好友丈夫也落下：「大爺不開心可以不住！」的狠話，雖然之後發現是個小誤會，但這麼有個性的民宿主人，讓我有些卻步。但好友依然十分推薦這個對台灣人很友善的民宿，所以最後我還是訂了房。不需要給任何信用卡資料或是支付訂金，完全靠電子郵件三言兩語確認，要不是因為太多背包客推薦，真的有種很不踏實的感覺。

有了好友的前車之鑑，我們當天不敢安排太多行程，吃了午餐後就趕緊上路，擔心找不到。事實證明我們多心了，還不到下午兩點我們就到了，在光線充足的白天，再加上導航指路，真的不難找。沿途一望無際的遼闊葡萄園，真是令人感到心曠神怡呀！

❷❶

1. 小普羅旺斯精製的門牌。

2. 狗狗 Zoe 一直黏著 Jerry 和花寶玩球。

抵達後打了電話給 Guillaume，他說五分鐘就過來，果然一會兒就看到他從巷子那一頭騎腳踏車前來，他熱情地打招呼後，便領我們進民宿裡，一同前來歡迎我們的還有一隻漂亮的拉不拉多 Zoe，還有酷酷的黑貓 Jacques。Guillaume 見我們帶著孩子，特別安排二樓一間比較大的房間。舒服的四人房內，有一張雙人床及兩張單人床，每一件床單上都有漂亮的繡工，觸感也非常柔細，盥洗台上潔淨的毛巾、水杯，光潔無瑕的鏡子，舒服地讓人想躺下來好好休息。下樓前偷瞄了隔壁兩間掩著門的房間，風格不一樣，但氛圍同樣舒適。

稍事整理後下樓，Guillaume 在樓下等著詢問我們晚餐是否要在民宿裡用餐，聽說他曾是餐廳的大廚師，當然不能錯過這個好機會，於是跟他訂了餐點。那天下午的太陽好暖，讓我們只想賴著，不想再出門。屋前藤架爬滿茂盛的藤蔓，紅、綠、黃三色葉子協調地交錯生長著，就像是一幅大自然的畫作。

Zoe 咬著球前來央求我們陪牠玩，不過花寶卻只想追著酷酷的 Jacques 跑。貓兒哪會陪孩子玩，一跳就翻過牆去找地方打盹，留下咬著球還在腳邊轉著的 Zoe，而花寶寧可在躺椅上滾來滾去，也不願意陪 Zoe 玩那顆沾滿口水的球。過了一會兒花寶也膩了，上樓拿了撿拾的松果和橡樹果在庭院裡的

桌上玩著，在躺椅上的我竟也忍不住睡著，這麼多天的旅行的確有些累了呢！Jerry 催促著我進房裡小睡一下，但卻沒有睡意了，躺臥在沙發上看著旅客的留言，果然百分之八十都是台灣來的旅客。

時間過得好快，晃了一會兒，很快地就到了晚餐時間，Guillaume 優雅地招呼我們上餐桌，首先送上當地生產的 Tavel 粉紅酒，Guillaume 說這款粉紅酒的酒體結構較一般粉紅酒更扎實，非常適合佐餐，而且幾乎什麼食材都適合。前菜是「蘋果番茄燻鴨沙拉佐杏仁片」，飄著淡淡香氣的切片燻鴨，搭配爽口的蘋果和烤香的杏仁片，是種衝突的和諧，層次豐富卻又十分融合。主餐是「香煎鴨胸佐第戎芥末蛋黃麵」，上面撒了切細的蝦夷蔥，微帶辛香的蝦夷蔥和鴨胸佐著芥末醬超級對味，剩下的醬汁拌著蛋黃麵，搭配以鴨油炒香的胡蘿蔔及綠櫛瓜，沒一會兒就吃光了，真的好美味！最後上桌的是綜合起司盤，從味道清爽的卡門貝爾起司、味道稍重的硬質起司切片，到羊乳酪、一直到藍黴乳酪，我只能說還好有那瓶 Tavel 粉紅酒，否則我還真沒辦法單吃口味那麼重的起司呀！

貼心的 Guillaume 並不為難孩子照單全收，特別幫花寶烤了一份烤布蕾當點心。花寶開心地問我：「是不是住在這裡的時候每天都有叔叔煮的好吃

❷❶

1. Guillaume 在上每道菜之前都會用心的為我們講說。
2. 小普羅旺斯溫馨的起居室。

晚餐？」媽媽也很想呀！可惜 Guillaume 說他週末休假，所以沒能再嚐到他的好手藝，十分可惜。

隔天等待早餐的時候，花寶不小心把廳前的檯燈給撞倒摔碎，我當下覺得這下糟糕了，怯生生地跟 Guillaume 道歉，問他是否有工具可以讓我協助收拾，他笑咪咪地叫我不用擔心，要我把小孩帶開就好。我趕緊把孩子拎回房裡。再下樓時已經補上一個相同模樣的檯燈，我問 Guillaume 這檯燈的費用怎麼算，沒想到他一派輕鬆地說：「剛才發生什麼事了嗎？別再想了！」Guillaume 真的是個很不法國的法國人呢！

Tips

若想住進 La Petite Provence，訂房只需要以電子郵件與 Guillaume 聯繫確認，不需要信用卡或是支付訂金。也因此我們在訂房後更要重視自己的信用，若是因故取消一定要提前告知，千萬別讓 Guillaume 在民宿裡痴痴地等待，也壞了我們台灣人在外旅遊的好名聲唷！

再次回味美食

香煎鴨胸蛋黃麵

鮮嫩的粉紅色鴨胸肉，淋上酸甜的巴薩米克醋，
搭配用鴨油炒香的蛋黃麵，
回憶那個在普羅旺斯葡萄園邊映著藍天白雲的小屋，
就想來上一份。

材料

鴨胸	1 塊
蛋黃麵	200 公克
洋蔥	1/2 顆
現磨胡椒、鹽	各少許
橄欖油	2 大匙
巴撒米克醋	1 大匙
新鮮百里香	適量

做法

1. 用刀在鴨皮上畫出菱格狀花紋。
2. 平底鍋加熱，轉中火，將鴨皮那面朝下，入鍋乾煎 4 分鐘，翻面再煎 4 分鐘。起鍋時用錫箔紙密封包好，放在較能保溫的地方（例如未開機的烤箱內）靜置 20 分鐘。
3. 滾水下麵，依包裝上建議時間將麵煮熟後，盛起瀝乾，保留煮麵湯。
4. 平底鍋再度加熱，鍋內的鴨油不用倒出，直接放入切絲的洋蔥炒軟。
5 加 4 大匙煮麵湯，將麵條下鍋翻炒 1 分鐘，撒上鹽、胡椒即可盛盤。
6. 鴨胸取出斜切薄片，放在義大利麵上裝飾，撒上新鮮百里香裝飾，就完成了！

感受梵谷的曾經

聖雷米

聖雷米這個小鎮因為梵谷曾住進此地的療養院而聞名。來到這裡難免要跟梵谷沾上點邊，因此事前準備了一些梵谷的資料，也試著跟愛畫的花寶討論著梵谷的畫。我挑了幾幅以聖雷米為地理背景的畫作，像是著名的〈星夜〉、〈鳶尾花〉、〈橄欖樹〉、〈星空下的咖啡館〉給花寶看。

不過，花寶卻沒有想要深入了解的意願，我猜想，是不是因為梵谷喜歡以黃橘、藍紫、紅綠等強烈對比的顏色，來表現他過於強烈的感受。我問花寶：「是因為顏色太鮮艷嗎？」花寶說：「因為我覺得他好傷心！」我知道花寶向來是個十分敏感而和平的孩子，我曾經嘗試著帶花寶去參加一些爭取公民權益的集會遊行，花寶總是吵鬧著想回家，問了他也說不出個所以然來，反正就是不喜歡。

也許梵谷懷抱著對創造的強烈熱情，卻一直沒有得到認同的那份抑鬱寡歡，在療養期間的畫作當中表現無遺，陰鬱如火焰漩渦的筆法以及畫作中植物枝葉誇張的扭曲，其實我看了都揪心，更何況是個四歲大的孩子。不過我相信梵谷在聖雷米療養的日子，每個角落的美好風景應該也是梵谷內心強烈感受的出口，就讓我們懷抱輕鬆的心情到聖雷米隨意走走吧！

聖雷米給人一種非常溫暖的感受，金黃色的陽光照進窄窄的小巷弄間，

❸❷❶

1. 聖雷米的小雜貨舖裡精緻的商品以及商店擺設，讓人流連忘返。
2. 陽光照在咖啡廳桌上，閃著溫暖的光芒。
3. 亂中有序的長春藤掛在咖啡廳窗台上，令人備感悠閒。

從窗邊灑落一地的暖。才踏進小鎮就看到一個造型可愛的小店，磚紅土牆搭配白窗櫺，雜亂的長春藤掛在窗前，窗上的陰影和油綠的葉子交雜，有種雜亂中的秩序。在窗口尋不著店員，只好走進店裡去。窗邊陽光照著桌上的小花閃閃發光，地上和牆上也像灑了金粉一般亮晶晶。

這讓我想起梵谷那幅〈星空下的咖啡館〉畫中金黃色的牆面，聽說並不是真實的顏色，而是映著亮晃晃的星光，金黃色為梵谷帶來的激勵與希望，讓我一進聖雷米的小店裡就感受到了。這時候花寶竟然跟我說：「媽媽，你看這個黃色的光好像向日葵唷！」我驚訝地跟花寶確認是哪個向日葵？花寶不假思索的說：「就是梵谷的向日葵呀！」我問花寶，你不是不喜歡梵谷的畫嗎？花寶說：「我喜歡呀！我喜歡梵谷畫的向日葵！很美呢！」果然是只戀花的花寶呀！

走出小店後，繼續漫步聖雷米，我們走到了療養院的側門，門口長椅上有許多人坐著休息，Jerry 也找了張長椅坐了下來，我則是帶著花寶在旁邊走走晃晃。午後的聖雷米，就與梵谷的〈聖雷米療養院的花園〉畫裡的蒼翠綠意、生氣盎然一般，我們坐在療養院前的廣場看著鴿子，花寶則是被一旁甜點店可愛造型的法式蛋白霜餅給吸引著不肯離去。孩子果然就是孩子，花寶因為已經吃了冰淇淋，也不敢說想買，只是著迷地盯著不放。我跟花寶說：「好可愛唷！我們拍張照片留念好嗎？」在旅途中，孩子的要求我不一定會照單全收，尤其是一些太過甜膩的點心或是過於昂貴的裝飾品，我通常會跟孩子商量拍照留念就好，很多回憶可以留在腦海、留在心裡，不一定要帶回去呀，是吧？

可愛的小雜貨店裡精細雕飾的玻璃杯、普羅旺斯風情的桌巾、紅白條紋的壺杯，繽紛芭蕾舞衣女舞者為招牌的畫廊，還有可愛童趣的兒童餐具，我們在小廣場上逗留著，但卻一直沒走進療養院，或許真的不想碰觸過於沉重的感覺，亦或不想離開眼下的美好。漫無目的地在這裡曬曬太陽，真的很好。離開前花寶主動提了要幫老師們買些肥皂當禮物，花寶拿著籐籃，仔細地分配著：「薰衣草要給姨婆、玫瑰要給老師……」，忙碌的小小身影好可愛！

❷❶

1. 讓花寶捨不得離開櫥窗半步的可愛蛋白霜餅。
2. 花寶細心地挑著要送給大家的伴手禮。

這是我們在普羅旺斯的最後一天，由於民宿主人 Guillaume 週末休假，再加上沒有廚房可以使用，因此我們決定離開聖雷米前往亞維儂，在那裡結束美好的普羅旺斯之旅。到了亞維儂，終於了解好友之前所說的感受，縱然教皇宮和聖母院大教堂依然雄偉聳立，但熙來攘往川流不息的觀光客，讓人覺得眼花撩亂。小巷商店賣的大多都是類似的紀念品，我們找了個人不多的廣場旁露天餐廳，簡單點了義大利麵和可樂，享受了片刻的寧靜，就讓普羅旺斯的美好留在這一刻吧！

Tips

梵谷迷到了聖雷米可以依著指示尋找畫作裡的風景，這也會是旅程裡另一個有趣的活動呢！

酥脆口感的甜蜜滋味

蛋白糖霜餅

每當做甜點後若有多餘的蛋白，我會拿來做成蛋白糖霜餅。
酥脆的口感讓孩子們一口一個停不下來。
而我則是喜歡搭配 Espresso，享受那衝突的滋味。

材料

蛋白　60 公克
海藻糖　60 公克

做法

1. 以打蛋器轉中速攪打蛋白，待呈現泡沫狀後，加入 1/3 的糖，轉高速繼續打發。
2. 將剩餘的糖分兩次加入，繼續打發，直到蛋白霜不會從打蛋器上滴落的程度。
3. 將蛋白霜裝入擠花袋中，擠在烤盤上。放入烤箱以 100℃烘烤 180 分鐘。
4. 取出後用融化巧克力畫上可愛的裝飾，小朋友會愛不釋手唷！

Tips

步驟簡單，還能隨心所欲做出各種造型，烤好後還可以自由畫上圖案。很適合跟小朋友一起製作，揮灑創意！

凱旋門與香榭大道

第五大道 Ladurée PK Pierre Hermé

花寶在巴黎最想做的事，就是馬卡龍吃到飽。為了滿足他的願望，我們便到香榭麗舍大道上找最有名的點心店 Ladurée。通常來到交通系統方便的地方，我們會先把車子還了，搭乘大眾交通工具更有效率，而且更能感受巴黎風情唷！

巴黎地鐵上的人們相對匆忙也冷漠了許多，大部分的乘客只是專心看著手上的文件亦或是淡淡看著窗外，車廂裡十分安靜。我們回到巴黎時依然是陰冷的天氣，不過陰灰灰的巴黎其實一樣很有味道，出了地鐵站遠遠的就看到了五十公尺高的凱旋門雄偉矗立在戴高樂廣場上。以凱旋門為中心，十二條大道磅礡向四面八方放射，花寶在廣場玩了一會兒，我也能好好地拍一些凱旋門的照片。

接著往香榭麗舍大道前進，一到 Ladurée 依然是長長的排隊人龍，花寶吵鬧著說肚子餓，只好先在香榭大道上吃個午餐再過來。早上十一點營業的店家不多，用餐的人也少，很難判斷到底哪一間餐廳好吃，因此隨意挑了一家。但運氣不太好，餐點實在不怎麼樣，而且還很貴！帶著沒辦法忍累忍餓的孩子，為人父母也只能認了，下次絕對不要在這樣的超級熱門旅遊景點吃

❷ ❶

1. 迫不及待地打開 Ladurée 包裝品嘗的花寶。
2. Pierre Hermé 最雋永的藝術品「Ispahan」。

飯。飯後趕緊到 Ladurée 排隊買馬卡龍，每個口味都挑了一個，結帳完還沒走出店裡，花寶就迫不及待地打開來了！在門口的長椅上，花寶一口氣吃了八個馬卡龍，從香草、檸檬、開心果、玫瑰、一直到巧克力，每一種都各有特色，薄酥的外殼裡是帶點黏牙口感的杏仁糖，搭配各種不同口味的內餡，各有風味、甜而不膩，讓人十分驚豔。

接下來，就是拜訪甜點界的畢卡索 Pierre Hermé 的同名甜點店，一個不起眼的小店面，一樣擠了滿滿排隊的客人，店裡規定不能拍照，只能遠遠看著大家都挑些什麼口味。好不容易輪到我們，除了花寶喜歡的玫瑰、茉莉、焦糖海鹽口味，還挑了最著名的 Ispahan ——以玫瑰奶油、覆盆莓、荔枝內餡結合而成的超大馬卡龍！

我們到了旁邊的聖許畢斯教堂找了個長椅，好好坐下來品嚐。Ispahan 果然是 Pierre Hermé 最滿意的作品，玫瑰奶油、覆盆莓、荔枝以和諧而調和的比例，結合成極度完美的味覺饗宴，這讓我們對其他的馬卡龍有更高的期待。不過花寶每一個都吃了一口就放著，我訝異的問花寶：「你不喜歡呀？」花寶說：「他好香，可是我覺得好甜，只想吃一口耶！」真是個挑嘴的孩子，

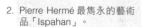

❷❶

1. 《達文西密碼》書中拱心石的藏身處——玫瑰子午線。
2. 莊嚴的聖許畢諾大教堂。

我自己也試了一口，發現夾層的奶油餡不僅量比較多，而且還比 Ladurée 更為甜膩，或許得佐上一杯茶或咖啡才能好好享受吧！只好趕緊包起來，回公寓再搭配好茶享用，別浪費了如此精緻的甜點！

既然到了聖許畢斯教堂，身為《達文西密碼》的超級書迷，怎麼能不進去參觀一下呢！聖許畢斯教堂從空中鳥瞰是一個美麗的十字架，從教堂前噴泉廣場後方的正門進到裡頭。或許是因為瞬間啟動了書迷模式，教堂內神聖靜肅的氣氛，讓我十分感動。超級書迷如我立刻搜尋書裡提到的在方尖碑下的錫安會祕密。繞了一圈很快就找到了方尖碑，旁邊有教會的聲明，表示方尖碑及銅線是當時法國天文學會向教堂要求在此設置日晷，部分圓形窗上的P跟S字樣分別代表聖徒 Peter 跟 Sulpice，至於傳說P、S代表是錫安會（Priority of Sion），實屬無稽之談。看完後立刻關閉書迷模式，這樣的聲明真有些煞風景呢！這部暢銷小說如此挑戰天主教的中心思想，也能想見教會有多緊張與反感，身為一個小書迷，能夠幸運地實際尋訪書中所述說的場景，真是滿足！

為了晚上回到公寓要好好享受 Pierre Hermé 大師的甜點，在回程的路上

尋找著適合的好茶，眼前看見一個充滿異國風情、色彩鮮豔的櫥窗設計吸引了我的注意，走近一看才知道這是一家源自俄羅斯的法國茶 KUSMI TEA，保留美麗的俄羅斯風格配色及圖騰，不斷研發新的風味茶品，擅長利用亞洲的中國茶、印度茶、錫蘭茶混合，並以佛手柑、柑橘類水果、肉桂或各式獨特辛香料來增添香氣，由於光是試聞也很難下手選擇，因此買了一個綜合的茶包試試。

有了好茶後，我們迫不及待回到公寓享受下午還沒吃完的 Pierre Hermé 馬卡龍，我精挑細選取出了 Anatasia，這是以我喜歡的伯爵茶為基底，加上檸檬以及香橙調配，以包裝上建議的85~90℃水溫，泡上三到四分鐘，清爽柑橘的香氣讓人有放鬆的感覺！倒上一杯稍稍放涼後，讓花寶把冰箱裡的馬卡龍給請出來，母子兩人一口茶一口馬卡龍，多麼奢侈又浪漫的時光呀！

花寶說：「媽媽，喝了茶再吃馬卡龍，馬卡龍變好吃了耶！這個焦糖海鹽真的超級好吃耶！」小小的手將馬卡龍送往我嘴邊，我也順勢享受了小花寶的服務，輕咬了一口焦糖海鹽。大師巧妙地以海鹽來中和濃郁的牛奶糖香氣，搭配 Anatasia 的柑橘香，果然是絕妙好滋味。

我告訴花寶：「這就是神奇的味覺體驗唷！不同的口感跟味道，結合後

❸❷❶

1. Pierre Hermé 充滿設計感的店舖陳列，以及大排長龍也無怨言的粉絲們。
2. 在教堂外的公園，放肆地享受著最巴黎的浪漫甜點。
3. 位於聖許畢諾教堂外的美麗噴泉。

會成為另一種完全不同的奇妙滋味，就像這個焦糖海鹽，大廚師在很甜很甜的焦糖裡加了一些海鹽，甜甜鹹鹹的味道，會讓人覺得想一顆接一顆，你說是不是？」花寶很滿足的點點頭，接著認真地把剩下的馬卡龍全吃完後跟我說：「我覺得這個茶還是配上焦糖海鹽最好吃！」

在巴黎的第一天，一肚子的甜蜜蜜，讓花寶一整天嘴角都帶著幸福而滿足的笑，這就是我們在巴黎甜滋滋的開始！

Tips

KUSMI TEA 在香榭大道上有一家專賣店，建議大家到了香榭大道不要錯過了唷！

Kusmi Tea - Champs Elysées Caf Kousmichoff

・地址：71 Champs Elysées 75008 Paris

・電話：01-45-63-08-08

台灣也買得到唷！請上聯馥食品的官網 www.gourmetspartner.com 搜尋品名即可。

令人著迷的口感與滋味

鹽味焦糖奶油馬卡龍

在所有馬卡龍口味當中，
我跟花寶的第一首選！
焦糖濃甜、海鹽微鹹，一口接一口停不了！

材料

焦糖醬		馬卡龍餅	
鮮奶油	55 公克	蛋白	40 公克
砂糖	50 公克	砂糖	95 公克
含鹽奶油	10 公克	水	22 公克
奶油	45 公克	杏仁粉、糖粉	各 40 公克
鹽之花	1 小撮	蛋白	18 公克

做法

焦糖醬

1. 鮮奶油加熱至沸騰。用另一個鍋子煮砂糖，待煮至有焦香味，加入含鹽奶油後關火。
2. 倒入煮好的鮮奶油入鍋中，攪拌均勻，加入 1 小撮鹽之花，放涼。
3. 以攪拌器將奶油打軟，加入放涼的焦糖醬內，繼續打至綿密細緻。裝到擠花袋中備用。

馬卡龍餅

1. 製作杏仁糊：混合杏仁粉與糖粉，過篩兩次後，倒入蛋白中攪拌均勻，以保鮮膜蓋住備用。
2. 製作蛋白霜：將砂糖、水倒入小鍋，以中火煮到 105℃，同時開始打蛋白。待糖漿溫度達 117℃即關火，將糖漿慢慢倒入打發的蛋白內，小心不要碰到鍋邊，否則糖漿會結塊。
3. 取 75 公克蛋白霜，加入杏仁糊當中攪拌均勻，以刮刀將杏仁糊內的氣泡壓破，直到杏仁糊拿起呈現緞帶狀流下（杏仁糊流下來的痕跡大約可以在 1 分鐘消失的狀態）。
4. 在烤盤上以 0.5 ～ 1 公分圓形花嘴擠出大約直徑 3 公分的小圓餅。放置室內乾燥處約 1 小時，直到表皮形成一層薄膜。
5. 烤箱預熱 150℃，將杏仁餅放入後轉成 120℃，最下方多放一塊烤盤隔絕溫度，烤 8 分鐘。
6. 將烤盤放置最下層，上層加一個烤盤隔絕上火，續烤 10 分鐘，關火再靜置 15 分鐘。
7. 取出放涼後，擠上鹽味焦糖奶油醬，放置冰箱 24 小時後即可食用。

巴黎

慕浮塔街小公寓

慕浮塔街是巴黎最古老的一條小巷，至今仍留有中古世紀高盧時期的狹長石板坡道，短短數百公尺，卻承載著無數文藝史上顯赫的名聲。海明威曾在慕浮塔街居住過一段時間，他說這是條「狹窄擁擠卻美妙的市集街」。比利時作家西默農的大作《小聖人》筆下那個雖然功成名就但依然純真的路易，就是在慕浮塔街孕育了未來畫作的靈魂。電影《藍色情挑》裡，茱麗葉．畢諾許坐在慕浮塔街巷口咖啡館裡，將溫熱的咖啡倒在冰淇淋上，舀上一口，鏡頭帶到映著茱麗葉．畢諾許側臉的湯匙，耳邊傳來悠悠笛聲。還有法國攝影大師卡提耶．布烈松鏡頭下那個抱著兩瓶牛奶得意笑著的小男孩攝影作品〈慕浮塔路〉。但對我來說，慕浮塔街是個讓人感覺心安而熟悉的家。

我們就住在慕浮塔街上那間旅客最愛拍的海鮮攤商隔壁，每天早上五點，外頭開始傳來攤商忙碌進貨準備營業的聲音，走出大門往左側走，各式食材攤商販售著新鮮蔬果、手工新鮮麵條、紅酒、起司，還有好吃到不像話的甜點麵包店、香嫩多汁的烤雞店，這是從小住在中央市場旁的我最熟悉的生活氛圍。我們在慕浮塔街的公寓生活很居家，早上帶著孩子到巷口的麵包店 le Fournil de Mouffetard 挑選喜歡的麵包，一出門口沒多久就能聞到天然酵母和著溫暖麥子的豐富香氣，我尤其喜歡他們家的可頌，花寶則總愛挑選一些上

3 2 1

1. 慕浮塔街上旅客最愛取景的海鮮攤商。
2. 好吃到讓我每天要來好幾趟的美味麵包店。
3. 色彩繽紛的莓果塔是花寶的最愛。

頭有滿滿蘋果、藍莓或是巧克力的花式甜麵包，法國長棍也很好吃！再到旁邊的燒烤攤商買些烤雞腿、雞翅，隔壁水果攤上剛擺好猶如精品般的新鮮水果，禁不住誘惑，各拿上兩只桃子和橙子，返家煎個蛋、切上一些起司，就是一桌極其豐富的早餐時光。

每天出門探險前經過 le Fournil de Mouffetard 時，也總會再讓花寶挑上兩個麵包，沿途餓了可以當點心，不過花寶總挑選那些花俏的閃電泡芙、巧克力千層或是莓果塔，通常還沒上捷運就已經被吃光了！我們偶爾會從慕浮塔街的另一頭返家，途中經過 Gelati d Alberto 時，必定要進去點上一枝三色大花 Gelato，義大利籍老闆以香水及果汁搭配出如調色盤般迷人的淡雅色澤，

加上精緻的香氣與口感，店員以高超技術把冰淇淋砌成一朵跟花寶的臉一般大小的花，光看就覺得好清涼。慢慢晃悠著往我們在慕浮塔街的公寓，帶上一些手工麵條、油漬番茄、切一些花寶愛吃的起司與風乾臘腸，挑些魚蝦，還會很奢侈的開上一大盤的生蠔，簡單擠上些黃檸檬或是調上一碟白蘭地蘋果酒醋，在這兒的晚餐總吃的比餐廳還享受。

晚餐後我們也會出來走走晃晃，巴黎的夜總來得遲，在天色暗下之前，我們在咖啡館坐上一會兒，給花寶點個甜點，大人們來杯酒精飲料，欣賞夜幕低垂時外頭往來的人們，靜靜感受老巴黎的風情。雖然今日的慕浮塔街早已不若往昔，但在每個轉角總能不經意嗅得老巴黎那種絢麗慵懶到有點不真實的美。

打開社區大門後，約二十戶的五層樓公寓，前庭種著幾株不起眼的盆栽，左手邊第一間就是我們在慕浮塔街的公寓，小小的挑高公寓裡，空間利用十分完美。門口左邊是一間小廚房，設備不甚齊全但足夠我們做些簡單料理，還有一張小餐桌；挑高空間裡的舒適客廳，沙發可以攤成沙發床讓 Jerry 一夜好眠，房子裡的功能齊全又帶著濃濃歷史的痕跡，小巧又溫馨，讓我們享受著十足的安全感。

至今仍難以忘記離開公寓的那一天。我忙著收拾行李準備搭乘火車到機

❸❷❶

1. 讓花花一想到就流口水的新鮮生蠔。
2. Gelati d'Alberto 的三色大花冰淇淋。
3. 即將入夜的慕浮塔街。

場，關上門後依房東的指示將鑰匙投入信箱中。走到慕浮塔街的噴泉廣場才發現，六大盒的馬卡龍還在冰箱裡，花寶為此一路上不停啜泣著，因為這是他要帶給親愛外婆的禮物，特別傳了訊息給房東，請他代我們享用這些無緣的點心，只將馬卡龍豐富甜美的滋味留在記憶中。

我抱了抱花寶，跟他說：「媽媽也跟你一樣好懊惱怎麼這麼糊塗，但也因為留了一些遺憾，讓這趟旅行多了些難忘的回憶。」花寶噙著眼淚，不甚理解地啜泣著。其實我覺得這些不盡完美的一切，似乎才是屬於巴黎的完美。這讓我想起伍迪．艾倫的電影作品《午夜巴黎》男主角吉爾的那句話：「這才是現實，不盡如人意，因為生活本就如此不盡如人意。」在我心中的巴黎，是充滿濃濃 LOMO 感、微帶藍綠色調的流動影像，似乎不那麼順遂，卻也是另一種完美。

Tips

慕浮塔街甜點麵包店
le Fournil de Mouffetard

．地址：123 Rue Mouffetard, 75005 Paris, France
．電話：+33-1-47-07-35-96
．推薦必買：可頌、法國長棍、蘋果派、閃電泡芙

難以抗拒的嫩滑鮮美口感

蘋果白蘭地酒醋生蠔

巴黎公寓門前有一攤販賣海鮮的攤商，看著鮮美肥大的生蠔總讓我心動不已！不過 Jerry 擔心懷孕的我吃壞肚子，一直沒讓我買。後來再也忍不住，發狠買了一大盤！用手邊的材料調了清爽的醬汁，豪邁大方地享用著這美味！

材料

糖	少許
鹽	少許
白蘭地	4 大匙
巴撒米克醋	2 大匙
青蘋果（切丁）	1/8 顆
生蠔	6 個

做法

1. 製作醬料：將糖、鹽融化在白蘭地和巴薩米克醋裡，拌入蘋果丁。
2. 打開生蠔後，加入 1 小匙醬料，就完成了。

羅浮宮

蒙娜麗莎的神秘微笑

考量到羅浮宮的玻璃金字塔前肯定會排長長的人龍，我們特別起了個大早，簡單吃完早餐就趕忙搭地鐵往羅浮宮前進。坐上地鐵沒多久，看到一對老夫妻上了車，老先生優雅地拿出小提琴演奏著，老太太則在一旁隨旋律陶醉地擺動身軀，一邊用手打著拍子，夫妻倆不時四目交接、對望微笑。巴黎，總在不經意的時刻帶來意外的驚喜，多麼浪漫的巴黎地鐵風景！

在羅浮宮站下車，馬上就見到雕飾華麗、充滿歷史痕跡的建築，從側門走進去就是知名的玻璃金字塔，這才發現我們起得還不夠早！入口處已經排了長長的隊伍，沒耐性的花寶一直問：「不是說看到金字塔就可以看到蒙娜麗莎的微笑嗎？到底還要等多久呀？」我只好無奈地跟 Jerry 輪流帶花寶到旁邊走走安撫他。

過了沒多久，玩膩了的花寶開始鬧著肚子餓，幸好剛才經過麵包店時順道買了幾個麵包，可以讓他打發點時間，不然待會兒進羅浮宮可就不能飲食囉！吃完麵包和可樂之後，花寶繼續在金字塔四周晃蕩，沒有樹葉跟果子可以撿的花寶，卻撿了錢回來，拿著撿來的一分錢把玩好久。最後，足足等了一個多小時才順利入館。

終於進了羅浮宮的花寶好興奮，我拿了一份簡介給花寶，他開心地坐在

❸❷❶

1. 走進羅浮宮的旁廊，眼前充滿著歷史痕跡的精細浮雕，讓我們對於羅浮宮內的典藏有著更高的期待。
2. 玻璃金字塔下的天空很是美麗。
3. 花寶一入館就迫不及待打開地圖，開始了尋找名畫的終極任務。

地上研究著，Jerry到一旁買館藏作品簡介，我則是累到心裡直盤算到底要看多少東西？總之，先鎖定幾個必看不可的作品，第一個當然是〈蒙娜麗莎的微笑〉，再來還有〈岩窟聖母〉、〈聖母子與聖安妮〉，還有之前說好要帶花寶去看的攝政王鑽石以及桑西鑽石，其餘的就看多少算多少吧！

像是尋寶般，把羅浮宮地圖翻出來，按著地圖標記，〈蒙娜麗莎的微笑〉在一樓的繪畫區電梯旁，於是趕緊上樓（在法國，以0樓為第一層，所以一樓等於是台灣的二樓）。可惜畫作以厚厚的玻璃隔著，而且離的好遠好遠，但花寶依然愣愣地在前面看了好一會兒。花寶說：「媽媽，真的好美唷！」不過當下我只覺得很擁擠，趕緊幫花寶和蒙娜麗莎小姐拍了幾張照，遠離可怕的人群。

附近還可以看到其他幾幅達文西的畫作，像是〈岩窟聖母〉、〈聖母子與聖安妮〉還有〈施洗者約翰〉，下樓到了雕塑區，觀賞了〈米勒的維納斯〉還有安東尼奧·卡諾瓦的〈因邱比特的吻而復活的普塞克〉，可惜孩子並沒興趣，花寶應該認為只要看完蒙娜麗莎就算是完成任務了吧。原本還想要去找攝政王鑽石以及桑西鑽石，不過在導覽簡介上怎麼都找不到阿波羅藝廊，只好遺憾地離開羅浮宮。還好Jerry買了本館藏簡介，回家再慢慢研讀吧！

離開了羅浮宮，我們散步到附近的卡魯索凱旋門廣場，巴黎裝置藝術館前方花園的碧綠草地上，許多學生或坐或臥的休息、看書，花寶還是喜歡這樣的地方，有一大片像地毯般柔軟的草地，撿撿樹枝、追逐鴿子，在這樣的好地方他有很多可以打發時間的活動，我們也能坐下來欣賞巴黎的天空。這一天的天空是淡淡的 baby blue，溫暖的陽光和著陣陣涼風非常舒服，放下腦子裡所有繁雜的思緒，給自己一點留白的時間。

花寶跑累了，滿頭大汗的坐在我身旁，我問他：「為什麼你覺得蒙娜麗莎的微笑很美？」花寶說：「因為我覺得，無論我站在哪裡，她都會這麼溫柔的對著我笑！」媽媽覺得這個答案真的好美呀。

由於來到法國太久了，真的非常想念濃郁的高湯，我央求 Jerry 帶我們去附近的日式烏龍麵店「國虎屋」解解饞，Jerry 對於來到法國吃烏龍麵其實是很不以為然的，但擋不住孕婦對熱騰騰湯頭的渴望，只好配合一下。國虎屋烏龍麵的表現中規中矩，不到讓人十分驚豔的程度，可是對於很想喝一碗熱湯的孕婦來說，不只是暖了胃也暖了心。

接著繼續晃到 Fauchon 買點鵝肝醬、軟糖，就這樣毫無目的的走到哪逛到哪，路旁的餐具店裡可愛的小花鬆餅模型，家飾店裡美不勝收的桌旗、餐墊，嬰童用品店裡可愛的造型奶嘴，一直到花寶喊累，我們才依依不捨地找了最

❸❷❶

1. 花寶在卡魯索凱旋門廣場奔跑嬉戲。
2. 和花寶坐在花神咖啡廳感受著左岸風情。
3. 巴黎的最後一個晚餐，趁著尚未上菜，花寶仔細將郵票貼在明信片上，要把巴黎的回憶寄給遠方友人們。

近的地鐵站，搭地鐵到左岸的花神咖啡館，午後的咖啡館好熱鬧，好不容易找了三個位子，讓花寶坐下來寫卡片給台灣的朋友們，還不會寫字的花寶負責畫畫，我則是負責幫花寶的畫寫註解，點上兩杯咖啡，感受哲學家沙特和西蒙波娃討論著存在主義，以及那些曾經的美好。

在巴黎的最後一個晚餐，我們打算不開伙，選在慕浮塔街小公寓附近的Le Royal Jussieu 把剩下的歐元給用完，豪氣的點了兩客大牛排，還有法式烤田螺跟綜合沙拉。香甜多汁的牛排非常撫慰孕婦的身心，軟滑香嫩的法式烤田螺，佐著滿滿的香料蒜泥醬，塗在法國麵包上真是讓人難以忘懷的美味，第一次吃到入口即化的田螺，我想店家應該花了很多功夫熬煮，才能讓田螺充滿了濃郁湯汁且入口即化，回台灣後我肯定會非常想念。

入夜，走在慕浮塔街上，想起大文豪海明威說過：「如果你夠幸運，在年輕時待過巴黎，那麼巴黎將永遠跟著你。因為巴黎是一席流動的饗宴。」我親愛的花寶，希望豐盛的巴黎能在你心中留下許多美好的回憶。

Tips

物美價廉的巴黎好餐廳
Le Royal Jussieu

· 地址：1, rue des Ecoles, 75005 Paris, France
· 電話：+33 1 46 33 51 95
· 推薦必點：各式排餐、法式烤田螺

肉質Q彈
醬汁開胃

法式烤田螺

滿是蒜香、軟嫩入味，在巴黎品嘗到的絕品珍味，至今仍令我難以忘懷。
把醬汁塗在外酥內軟的法國麵包上，超級美味。
徹底享受這道料理吧！

材料

田螺	2 罐
紅蔥頭（切片）	80 公克
蒜末	70 公克
現磨黑胡椒	10 公克
白蘭地	30 公克
紅酒	250 公克
雞高湯	300 毫升
奶油	125 公克
馬芝拉起司	適量
巴西里	少許

蒜末奶油

2 大匙蒜末、20 公克奶油、2 大匙巴西里碎末（新鮮品或乾燥品皆可）混勻即可。

做法

1. 田螺洗乾淨備用。
2. 紅蔥頭炒香後，放入蒜末炒到呈現微金黃色。
3. 加入田螺拌炒，加入黑胡椒、白蘭地。
4. 加入紅酒繼續拌炒，收汁到剩一半的份量後，加入雞湯熬煮。
5. 煮滾後放入奶油，熬煮 45 分鐘。
6. 裝入烤田螺的小烤皿，依序灑上馬芝拉起司和蒜末奶油，放入烤箱以 250℃烤 5 ～ 10 分鐘，表面焦香即完成，最後可灑上少許巴西里裝飾。

走吧！
到一個 Pizza 與 Gelato
吃到飽的好地方

這裡是歐洲的政治文化中心，也是西洋史發展的聚焦點。每個不經意的轉角都是令人折服的優美古蹟，古典優雅與現代時尚並存的迷人國度，美得讓人屏息！

HOTEL
Grill & Wine
GLUTEN
PAS

出發前的準備

很多人說義大利很好玩，完全沒頭緒的我實在很難想像到底是怎麼個好玩法？我問花寶：「你覺得義大利哪裡好玩？」喜愛美食的花寶回答：「有好吃的披薩和義大利麵，可以吃得非常開心！還有羅馬競技場、比薩斜塔、米蘭大教堂、威尼斯的船，對了！還有我同學Daishu，他是義大利人！」果然，在孩子印象中的義大利跟我一樣的空泛，因此我打算在旅行前和花寶來一場義大利的探索。

花寶讀的是蒙特梭利幼稚園，再加上有位義大利籍的同學，花寶對義大利的位置、形狀、國旗顏色早有基本的認識。歌德曾說過：「人之所以愛旅行，不是為了抵達目的地，而是為了享受旅途中的種種樂趣。」我也認為要去義大利，並不只是為了背誦歷史、景點故事亦或是網路就能搜尋到的資訊，而是在旅途的過程裡，去感受因為地理位置、文化以及歷史的累積，所呈現出來的樣貌與感動。但若是這麼跟花寶解釋，花寶肯定會覺得這比教他國旗顏色的意涵以及歷史故事更加空泛。我相信七歲的花寶，應該已經可以有自己的感受，再來透過環境的感知而有著屬於自己的感動，因此最後我打算把他當個大人來聊聊義大利。

我決定從花寶的偶像達文西開始說起，我問花寶：「你知道達文西出生

融合歌德與羅馬風格的西恩納主教堂。

於義大利的佛羅倫斯嗎？」花寶搖搖頭，然後問我：「那我們這次會去佛羅倫斯嗎？」我回答花寶：「當然會呀！這可是一個很美的城市呢！」然後告訴花寶有位很有名的詩人徐志摩，曾經去過佛羅倫斯，也寫了很多相關的詩與文章。徐志摩為這個地方取了一個新的譯名叫做「翡冷翠」，還有德國的大文學家歌德，也非常喜歡佛羅倫斯。

花寶問我：「為什麼這些詩人跟作家都喜歡佛羅倫斯？」我告訴花寶：「這就是一個很長的故事了！你有興趣聽嗎？」花寶開心的點點頭，我繼續說：「在西元一千四百年左右，從佛羅倫斯開始了一個藝術的復興活動，被稱為『文藝復興』，當時佛羅倫斯最有地位又最富有的梅迪奇家族，十分支持這個活動，所以他出錢又出力，讓很多藝術家可以在這裡充分發揮他們的才華。這些藝術家就在佛羅倫斯留下了很多畫作、雕刻以及美麗的教堂還有建築物，因此我們到義大利的托斯卡尼這個地區的很多城鎮，都會看到文藝復興風格的建築物。」

花寶疑惑地問我：「那文藝復興風格是什麼長相呀？」這是個好問題，我繼續跟花寶說：「這個時期的藝術家喜歡比較和諧的比例，像是圓弧形、對稱的圖案，其實他們就是反對之前有一種叫做歌德式的建築，歌德式建築以高高尖尖的形狀來表現當時基督教神權的象徵。所以你要是看到教堂的頂端有很多高高尖尖的裝飾品，就是歌德式的表現，若是看到圓頂、對稱的圖案、建築物牆上的繪圖，大多都是文藝復興的風格。」

花寶又問：「媽媽，那去佛羅倫斯可以看到很多達文西的畫嗎？」我說：「佛羅倫斯最著名的美術館叫做烏菲茲美術館，烏菲茲的意思是辦公室，這裡以前應該是麥迪奇家族的辦公室，現在展示許多文藝復興時期的畫作，也包括達文西的名畫《耶穌受洗圖》，不過烏菲茲美術館最有名的畫作不是達文西的，而是另一位畫家波提切利的作品《維納斯的誕生》，這幅畫在台灣非常有名唷！因為媽媽小時候常用的『彎彎香皂』包裝上就印了這幅畫！如果你還想看達文西其他的畫作，我們可以到米蘭的恩寵聖母教堂，裡面有你比較熟悉的《最後的晚餐》。」

無論是佛羅倫斯、米蘭、威尼斯，都留有許多文藝復興時期因著豐盛自由而創作出傳世的藝術品，來到義大利，除了感受義大利人自由、隨興、奔放的生活態度，還希望花寶能多與這些傳世的藝術品互動，不求他了解高深的技法、透視的角度，而是單純地就孩子乾淨的眼睛跟心靈，去享受藝術品給人帶來的歡愉以及美好。不過，我最後還是跟花寶再做了一個補充，我問

❷❶

1. 全家一致認為是全義大利最好的 Ricca Pizza。
2. 質樸低調的聖吉米納諾教堂。

花寶：「你知道義大利人最愛吃什麼嗎？」花寶不假思索的回答我：「義大利麵跟披薩！」呵，就知道你錯過了最棒的一樣美食，我故作神秘地在花寶耳邊說：「還有一種叫做 Gelato，是超級好吃的義大利冰淇淋唷！」花寶開心地大叫，然後問我：「所以我們每天都可以吃 Gelato 嗎？」我回答花寶：「義大利人每天都會吃，我們到了義大利當然也要這麼做呀！」花寶興奮地說：「太棒了！我們可以到義大利享受披薩跟 Gelato 吃到飽囉！」

羅馬

來去匆匆羅馬城

羅馬是歐洲的政治文化中心，也是西洋史發展的聚焦點，每個不經意的轉角都是令人折服的優美古蹟，來到義大利怎麼能錯過這麼重要的地方呀！但另一方面考量著同行的母親和兩個孩子，聽說羅馬人多、遊客多、扒手多，相對比較複雜，卻又不捨得錯過如此經典的一個城市，於是最後捨棄在羅馬住上一夜的計畫，安排第一天早上一下飛機先到羅馬市區逛逛，傍晚再驅車前往托斯卡尼。

李奧納多．達文西國際機場是外來遊客進出義大利的交通樞紐，這個位於羅馬之西、距市區約四十五分鐘車程的國際機場，繁忙程度在歐洲機場中名列前茅。來自世界各地川流不息的眾多旅客，一大清早在海關檢查處排了長長的人龍。在飛機上沒有好好休息的小樹，早已開始無理取鬧的討抱，不願意好好排隊，此時，帥氣的航警從隊伍後方往前走來。花寶問我：「媽媽，警察先生來做什麼？」我回答：「應該是通關的人太多，前來維持秩序的吧！」

心裡正煩著這個抱在我手上黏踢踢的小樹，不知道還要等多久？沒想到帥哥航警竟然打開了關防的閘口，指引大家直接通關，我驚訝到下巴就快掉下來，竟讓我們沒過海關就進了義大利！花寶問我：「媽媽，為什麼我們進

開車進入羅馬市區，大道兩旁高聳的大樹以及古牆，讓大家非常興奮。

義大利，不需要拿護照蓋章，告訴叔叔我們來做什麼，就可以直接進來？」

終於放下心頭大石的我回答他：「這就是義大利人的生活態度呀！義大利的警察叔叔知道大家都是來這裡旅行，如果要在這裡等待蓋章跟檢查才能進去，需要花很多時間，大家會等得很不耐煩，心情也好差。你看看小樹現在已經好累了，一直要我們抱抱，可是我手已經好痠，如果還要抱很久，我一定會覺得很不舒服也不開心，影響了我們旅遊的心情，所以警察叔叔很貼心地讓我們直接進來。」花寶又問：「可是他不需要知道有什麼人進來義大利了嗎？」

我告訴他：「也許對義大利人來說能夠輕鬆自在地過生活，遠比在這裡排隊、確認資料蓋章來得更重要。」

花寶似懂非懂地點點頭。

前往租車公司取了提前預約好的車子，這可是要陪伴我們十數天的交通工具呢！在義大利開車跟台灣差不多，交通號誌跟路線都十分清楚，再加上 Jerry 事先將我們此行所有地點都輸入導航機器裡，去哪兒都不成問題！車子一進羅馬市區，看見道路兩旁高聳蒼翠的綠樹，與雕飾精細的古城牆、凱旋

門與樑柱，孩子們像是快速充電般，精神都來了，航程中的不適以及疲累立刻被拋到九霄雲外。羅馬競技場附近很多計時車位，停好車之後就能開始走走逛逛了。

花寶遠遠地就看到了羅馬競技場，興奮地拉著我們往前衝！這孩子出門前做足了功課，告訴我羅馬競技場是用來觀賞動物比賽的地方，他的設計有三層，每一層都坐著不同的人！花寶早在出發前就看了許多關於羅馬競技場的資料與相片，但當這麼大的建築物呈現在眼前時，還是感覺十分震撼，想想這麼久以前沒有電動機器設備的時代，只靠人力及簡單工具要蓋出這麼雄偉的作品，真的讓人欽佩當時的文明發展！

我帶花寶到旁邊的君士坦丁凱旋門，我問花寶：「你覺得這個凱旋門跟我們在法國看到的有什麼不一樣？」花寶站在一旁仔細地端詳了一會兒，然後告訴我：「這個凱旋門被鐵欄杆圍起來了，法國的凱旋門可以在下面走來走去！為什麼這個凱旋門不讓大家在下面走呢？」

說實話，這問題還真的考倒我了……。我告訴花寶：「媽媽猜，或許是因為之前的道路已經不適合使用了，再加上這個凱旋門建造的時間比法國凱旋門早很多，為了保護這個漂亮的門，所以用鐵欄杆圍起來讓大家參觀。」

❷❶

1. 令人震撼的羅馬競技場。
2. 讓花寶百思不得其解，為何不讓人穿越的君士坦丁凱旋門。

接著我想把情況導回我設計的問題中：「你有沒有發現這兩個門有點類似？」花寶又仔細地再看了一會兒，對我點點頭，我告訴花寶：「法國凱旋門就是拿破崙以這個君士坦丁凱旋門為藍圖建造的，所以它們真的長得很像，法國凱旋門就像是君士坦丁凱旋門的放大版！」

不過，花寶並沒有專心聽，反而只對「明明是個門，卻圍起來不讓人過去！」這件事耿耿於懷，一點都不在意到底是誰模仿了誰。但這就是孩子呀！旅行的過程中，透過站在孩子的角度看這個世界，這才發現我們在成長的過程中受到了多少的思想枷鎖所箝制，認為來到名勝古蹟沒有深入了解歷史背景就是白來了一趟，但這並不是旅行的唯一真諦。或許該學習的其實是父母，怎麼讓孩子在旅行的過程中得到更多的體會以及感動、如何透過孩子單純而乾淨的眼睛來感受這個世界！

看完羅馬最具代表性的建築之後，來到羅馬市區走走逛逛。除了一般的小餐館之外，最常看到的就是只供外帶的三明治專賣店。將雜糧麵包或法國麵包剖半，夾入顏色鮮豔的食材，每一種三明治裡都會有一塊嫩白發亮的新鮮馬茲瑞拉起司，夾入番茄、芝麻葉、帕馬火腿、煙燻火腿等等令人食慾大開的食材，大家各挑了自己喜歡的三明治，再買幾瓶氣泡水，打算到特萊維噴泉的階梯上享受舒服的陽光午餐。我邊吃午餐一邊告訴花寶，傳說中來這裡玩的遊客，只要丟一枚錢幣在特萊維噴泉裡，他們以後就會再度回到羅馬唷！花寶聽到這傳說，開心的跟我要了一枚錢幣，很認真地許願後，投進特拉維噴泉裡，孩子畢竟是孩子，對於傳說及許願這種事情總是深信不疑。

無論是在什麼地方，想要知道那一家餐廳好吃，不需要上網搜尋，只要張大眼睛，看看路邊哪家餐廳大排長龍，直接跟著排隊就是了，這規則放諸四海皆準！羅馬熱情的陽光，讓穿著冬衣的我們直呼受不了，機靈的花寶趕緊搜尋四周，找到了 Gelato 專賣店，兩個孩子趕忙著提醒我「說好了我們要來這裡好好享受 Gelato 吃到飽的！」特萊維噴泉旁轉角有一家「Bar Gelateria」，小店裡滿滿等候買 Gelato 的人們。冰淇淋有兩種價格，帶走或是在店內享用，如果要在店內享用，店家會用漂亮的餐盤裝盛淋上醬料送到位子上，當然價格也會比較高，若是在附近逛累了，想要休息一下，這也是個不錯的選擇呢！

臨走前，我們依依不捨地在羅馬的小巷弄間拍了好多照片，羅馬真的好美，期待許願池的傳說能成真，再回到羅馬時我要多花點時間好好仔細逛逛！

❷❶

1. 帶著美麗傳說的特萊維噴泉。
2. 色彩鮮豔，令人食指大動的三明治。

Tips

義大利的停車格旁都會有可以投幣的機器，停好車後設定開始停車的時間，再投入硬幣就可以了。所以記得在身上準備一些零錢，以免停好車後臨時找不到地方可以換錢喔！

野餐時的最佳主角

帕馬火腿三明治

食材豐富、營養均衡的三明治，可以當早餐也能是一份簡單的午餐。若是在超市採購食材自己製作，5歐元就可以把全家餵飽。準備簡單、食用方便，適合帶到美麗的公園或大廣場野餐！

材料

拖鞋麵包	1 條
帕馬火腿	6 片
新鮮馬茲瑞拉起司	1 顆
芝麻葉	1 小把
番茄（小型）	1 顆

青醬 Pesto Sauce

九層塔葉	10 公克
大蒜	1 瓣（約 5 公克）
松子	1 大匙
帕馬森乾酪	5 公克
橄欖油	40 毫升

做法

1. 製作青醬：將九層塔、松子、大蒜、帕馬森乾酪放入調理機中攪拌，再加入橄欖油攪打均勻，將打好的醬汁倒出備用。
2. 將烤過的法國麵包對半剖。
3. 馬茲瑞拉起司和番茄切片。
4. 將法國麵包的切面塗上青醬，依序擺上番茄、馬茲瑞拉起司、芝麻葉、帕瑪火腿，合上麵包。
5. 以麵包刀將麵包切成三等分，就完成了！

Tips

若民宿沒有食物調理機，也可以在超市裡買到各式各樣的青醬，非常方便唷！

托斯卡尼

我們在托斯卡尼的家

在尋找托斯卡尼的落腳處前，我看了兩次《托斯卡尼艷陽下》，夢想著能夠住在一間帶著歷史痕跡的托斯卡尼風格老房子裡，屋前有一片美麗的花園，每個房間都充滿溫暖陽光。我以此當作挑選民宿的標準，在各國旅遊網站上遊盪了好幾夜，最後在幾百間房子中，選擇了 Villa il Trebbio。

其實我是被主臥房的照片給吸引了，窗外陽光穿過花園，照在一張有著美麗雕花紋飾的鑄鐵床上，還掛著夢幻的托斯卡尼風格花布簾，幻想著早晨要是能在這樣的床上醒來，是多幸福的一件事呀！

從羅馬到 Villa il Trebbio 的路上，心中滿是期待，下了交流道後一大片廣浩無邊的金黃色芥花田，不禁讓我開始愛上了這個小鎮。車子進了科爾托納（Cortona）後，依照導航指示轉進了一條小巷，眼前是一扇約兩尺高的雙開鐵門，在門口連絡民宿主人後，沒多久就見一對老夫妻開了一台小小的飛雅特笑盈盈地前來迎接我們，入門後映入眼簾的是一整排滿開的紅粉櫻花，再跟著小飛雅特往前開，將車子停靠在美麗的石頭屋前。女主人 Maria 上前給了我們一個熱情的擁抱，接著介紹未來一週我們要住的地方。不過，她才拿著鑰匙開門就先嚴肅地提醒我：「離開時，一定要記得把所有門窗都鎖好！」接著開始叨念著上一個美國客人：「我是不知道美國人是怎樣生活啦！離開

❷❶

1. 美得宛如夢境，充滿歷史痕跡的石頭屋。
2. 織工精細的羊毛毯與弧形天花版。床前豆型小桌是閱讀的好地方。

時所有門窗都是開的，在美國他可以這麼做，但在義大利只要離開房子一定要把門窗都鎖好，我不知道你們國家的規矩是怎麼樣，反正來到了義大利，就是別忘了這件事！」我也不斷向她保證，在我們台灣也是一樣的，請她放心。似乎是被前一個美國房客惹得很焦躁呀！

一進房裡，她馬上忘了剛才的情緒，親切地帶著我們參觀整個環境。那天下午的陽光真好，走進主臥室，果然跟照片上一樣，似乎還能嗅到床單上的陽光氣味。房裡有一扇落地窗，可以直接通到花園。另一間主臥室更是令我驚豔，女主人在大床上鋪了一條織工精細的羊毛毯，床頭弧形的天花板，感覺像是在洞穴屋裡一般，房內的落地窗前有一張造型典雅的寫字桌，我想即使公司臨時有緊急狀況要我處理，只要能坐在這張桌前打電腦，我也心甘情願呀！

入門的另一邊則是一個美麗的大客廳，廳後有一個設備十分齊全的大廚房，Maria 貼心地告訴我，她幫我們買了些餅乾跟牛奶，冰箱裡也有一些飲料。接著耐心地教我使用每一個廚房設備，包含烤箱、瓦斯爐、洗碗機、還有三種咖啡機，除了美式咖啡機、義式濃縮咖啡機、還有一個摩卡壺，請我們可以放心地享用她幫我們準備的所有好咖啡！

Maria 說這是她們家族的房子，前面那棟檸檬黃的大房子以及後方整個山頭的橄欖園也是他們的，收成的橄欖榨油供家族使用，還驕傲地告訴我：「我們的橄欖樹只有兩種養分，一個是陽光、另一個則是雨水，除了一些落葉堆肥，沒有任何人工化學的肥料或農藥。因此我們的橄欖充滿著生命的芳香與能量。而且堅持在採收的當天榨油，這才能保留下橄欖最濃郁的香氣。」她貼心送了一瓶橄欖油給我們，開瓶時撲鼻而來的青草香氣，充分感受到她所說的生命能量。的確，在義大利我不曾嚐到比這更棒的橄欖油！橄欖園前方有一片葡萄園，作為自家釀酒的原料來源，橄欖園裡放養著幾頭小羊及鴨子，就像是個小動物園。

這個世外桃源就是我們在托斯卡尼的家，民宿占地約兩千坪，只有三間房，每個房裡都有專屬的廚房、客廳、起居室以及充足的陽光。屋外的大庭

❷❶

1. 陽光下閃著金光的橄欖樹，散發生命力。
2. 戶外葡萄藤架下的餐桌是我們每天談心互動的浪漫場景。

院中擺著雅緻的葡萄藤架，下頭有張八人餐桌與烤肉架，這就是我想和孩子們一同體驗「托斯卡尼生活」的落腳處。

我們每天下午五點回到民宿，開始準備晚餐，母親和Jerry帶著兩個孩子在屋前的庭園草地上翻滾追逐。手裡切著剛從車站前菜販那兒買來的新鮮圓茄和櫛瓜，充滿陽光能量的鮮甜蔬果，切下時晶瑩剔透、充滿水分的切面好是誘人，將這些新鮮蔬果用Maria的上好橄欖油清炒過後，與表面煎得焦香的牛肋條，一同慢火細熬出一鍋溫暖的蔬菜牛肉湯，這是花花為一家人送上的小小心意。不時抬起頭看看在

陽光下玩耍的他們，在這個夢幻房子裡的我，嘴角總是帶著盈盈的笑。眼看烤箱設定時間只剩下五分鐘，走到窗邊揮手大喊「準備吃飯了！」孩子們開心地衝到廚房幫忙將餐具、燭台、酒杯拿到葡萄藤下的大餐桌上，Jerry 取出在冰箱冰鎮的紅酒，孩子們搶著拿出在超市挑選的果汁。六點多天色還亮著，大人們盛裝餐肴時，孩子們還貪玩地再溜去草地上滾兩圈。而我也終於可以坐下來，拿起酒杯敬一口今日的美好，與母親細細數著旅程的好風光，和孩子們討論著旅途中的最愛，向來安靜的 Jerry 就只是手拿酒杯在一旁微笑著，對我而言，生活應如是。

在我們來到 Villa il Trebbio 的第二天，門口碧綠的草地上開始冒出一朵朵可愛的小白花，接連著幾天，小白花越開越多，像是撒在綠草坪上的小星星，孩子們好愛這一片綠色的大地毯，我母親和孩子總是脫了鞋子在草地上奔跑，或是舒服地躺在上面享受著托斯卡尼的春天。當晚 Maria 來找我們聊天的時候，才告訴我，春天是在我們抵達義大利的前一天才到來，之前連下了一個月的雨，雨一停，庭院裡的花像是約好了似的，在一夜間綻放，一同宣告著春天的來臨。Maria 開玩笑的說：「這春天像是來迎接你們一般，你們可真是幸運呢！」

❷❶

1. 草地上令人驚喜的小白花，是托斯卡尼送給兩個孩子最美的禮物。
2. Maira 說，門邊一整排盛開的櫻花，是特別迎接我們到來的春天。

唯一遺憾的是，我們來的時間還太早，Maria 還沒來得及整理游泳池，若是能坐在美麗的泳池旁泡泡腳，或是整個下午就在泳池旁看書，才是享受人生呢！若是能再次回到托斯卡尼，我一定會再回到 Villa il Trebbio，這是我夢想中的完美生活。

Tips

托斯卡尼的蔬菜相當美味，除了台灣常見的蕃茄、洋蔥、馬鈴薯，我一定會採買綠黃櫛瓜以及圓茄，切成一公分厚片平鋪在烤盤上，簡單淋些橄欖油，撒上些許胡椒、鹽，放進烤箱以二百二十度烤二十分鐘，就是一道美味的配菜，單純而簡單的清甜，充滿托斯卡尼陽光的芬芳。

傳統義大利家庭風味

陽光蔬菜牛肉湯

托斯卡尼特產鮮甜蔬菜與牛肉，細火慢燉一鍋牛肉湯溫暖心靈與家人的胃！

在熬煮期間，我會拿起一本書坐在窗台邊，一面顧著爐火，一面看著孩子們在草地上開心地翻滾。

這是我最難忘的托斯卡尼回憶。

材料

牛肋條	1,500 公克
胡蘿蔔	2 根
洋蔥、馬鈴薯（大）	各 2 顆
洋菇	300 公克
蕃茄	4 顆
切塊蕃茄罐頭	2 罐
綜合香料或普羅旺斯香料	適量
橄欖油、巴西里	適量

做法

1. 熱鍋後放入切塊牛肋條，煎到表面微熟有香氣，盛起備用。鍋中的油不要倒掉。
2. 胡蘿蔔、馬鈴薯、洋蔥、洋菇切成比牛肋條塊稍大的塊狀。
3. 在煎牛肋條的鍋中，加入橄欖油與香料，放入洋蔥翻炒到有香氣。依序將胡蘿蔔、馬鈴薯、蕃茄、洋菇放入鍋中持續翻炒。
4. 將牛肋條放入鍋中，倒入切塊蕃茄，再加水淹過所有食材，轉大火煮滾後，蓋上鍋蓋轉小火燜煮 90 分鐘。
5. 關火，將湯料盛入碗中，撒些切碎巴西里點綴，也能增添香氣。

Tips

· 買不到綜合香料及巴西里也可不加，有香料則能讓湯的味道更加豐富並增添異國風味。
· 切塊蕃茄罐頭會讓湯頭變成美麗的紅色，還能增加酸味，不加也不妨礙味道，只是少了酸味。
· 如果沒喝完，記得再次滾過放涼，隔天喝依然美味。

聖吉米納諾

高塔鐘樓的時光旅行

在托斯卡尼的第一道晨光中甦醒，簡單填飽肚子後翻開地圖，想想今天該去哪兒探險。我們家居遊的模式，通常是安心的睡到自然醒，悠哉地吃完早餐之後再計劃今天的目的地。Jerry 會先讓我知道每個小鎮的車程時間，我再依照當天狀況，例如是否需要趕在超市關門前回來採購食材？孩子當天的精神狀況好不好？等等……，再決定當天要去哪兒探險。

我們打算先開車尋找附近的傳統市場和超市位置，順便確定營業時間，傍晚還得趕回來買菜煮晚餐。所以決定前往一個約四十分鐘車程的小城「聖吉米納諾」。會選擇這個小鎮還有一個原因，就是來義大利之前，曾經訪義數趟的好友 Ricesu 小姐推薦我一定要來聖吉米納諾，因為這是他們夫妻倆最喜歡的一個小鎮，能讓這對極度享受人生的夫妻檔強力推薦，想必會是個舒服宜人的好地方。

聖吉米納諾在一個山頭上，車子一路往山上開，遠遠就能看到山間的數個塔樓，山林裡的空氣十分舒服，一路上和孩子們唱著歌，很快地到了磚紅色的高牆邊，整個城市就蓋在斜斜的山坡上。托斯卡尼的山城大多是禁止車輛進入的，我們將車子停在城門旁的停車場，步行走進這個小城，發現整個山城都由深淺紅色的石材所建造，腳下的石板路也都是淡淡的磚紅色。這裡

3 2 1

1. 上山途中遠遠就能見到塔樓。
2. 石板地面與淡紅色石磚牆，有種親切的樸實感。
3. 古樸石牆上繽紛的花台，映著藍天煞是好看！

不只有塔高，連建築物都好高，城裡的每棟房子都有五、六公尺的高度，兩到三層樓的建築物蓋在各種坡度的石板路兩旁，散發出樸實韻味的石牆上有著大小不一的圓弧頂門窗，有時會在城裡某個轉角感到似曾相似的錯覺。在主教堂廣場的一隅，發現了一棟三層樓建築物的小陽台上擺了幾盆色彩繽紛的花，錯落在無數高塔的城中，建築物牆面上普遍不多做裝飾，難得看到如此繽紛的花台，趕緊拍張照片留念，古樸帶著歷史痕跡的石牆，映著藍天白雲煞是好看！

離開了主教堂廣場，前往奇斯特納廣場，接著就是孩子們最喜歡的冰淇淋時間了。廣場旁有一家連續四年蟬連世界冰淇淋冠軍的義式冰淇淋店「Gelateria di Piazza」，幫孩子一人買了一枝義式冰淇淋，找了一扇漂亮的雙開骨董門，坐在門檻上享用著冠軍冰淇淋。孩子嘴邊沾滿冰淇淋的開心臉蛋，是我最心愛的無價畫面。廣場兩旁有許多咖啡廳，遊客們點了杯咖啡坐看廣場上熙來攘往的人們。不過，這不是我的風格，我們挑了一條小徑往前探險，聖吉米納諾的外牆邊有一整排剛開始抽嫩芽的粉紅重瓣櫻花樹，和煦的陽光從花瓣間灑在身上，好舒服！

繼續往上走，在樓頂有一間小小的藝廊，外牆上攀爬著已經謝了一半的

紫藤，外頭的觀景平台上有一對年輕人，一位拉著小提琴，另一位則是彈著吉他唱著浪漫的義式情歌。這兒雖然不是聖吉米納諾的制高點，但從平台依然可以瞭望美好的托斯卡尼平原，一整片無窮盡各種色階的綠，真希望藝廊有賣咖啡，我想要在這裡浪費生命呀！可惜好動的孩子們沒能讓我完成這小小心願，只能繼續往前走。

我們在這個美麗的山城逛了好久，大家都太興奮以至於忘了午餐還沒吃，在城門口不遠處有一家「Ricca Pizza」，早上剛來時可是大排長龍，我跟花寶先到店裡一探究竟，原來這是一家專賣外帶披薩的店，18吋的大披薩切六分之一，用一個外帶的紙板盛裝，看起來並沒有什麼特別的地方。於是，我只點了兩塊瑪格麗特披薩試試。老闆將披薩加熱後才交到客人手上，大大地咬了一口熱呼呼的披薩，清爽的茄汁醬和淡淡奶香的馬芝拉起司，搭配切碎的蘿勒葉，比例恰到好處！最讓人驚豔的是Q彈帶酥的餅皮，上頭豪氣淋上橄欖油，增添了舒服的青草香氣。我馬上再回去買了兩塊還是不夠吃，結果最後總共吃了一整個18吋披薩，這是我們在義大利吃到最美味的披薩！

街邊的藝品店擺放著有如托斯卡尼陽光般浪漫金黃色澤的各式餐具，還有我好喜愛但沒法扛回家的各式橄欖木砧板，讓花寶流連不肯離去的聖吉米

❸❷❶

1. 藝廊旁遼闊的風景以及街頭藝人。
2. 午後兩點依然高朋滿座的 Ricca Pizza。
3. 在古樸街道中探險的兩兄弟。

納諾高塔小屋，顏色繽紛、不同形狀的義大利麵和包裝精美的橄欖油，還有饕客的最愛——琴塔豬製成的火腿。十二到十三世紀的聖吉米納諾可說是中古世紀的曼哈頓，想著當年的繁華盛況，啜飲著米開朗基羅最愛的白酒，搭配琴塔豬火腿。在這個充滿歷史文化痕跡的山城裡，每個角落都是美好的旅遊記憶，孩子們在山城裡奔跑嘻笑的歡顏則是我最珍惜的美好畫面。

離開前，在某個斜坡的轉角看到一間恬靜的石頭屋掛著出售的紙板，我們立刻拍照下來傳給好友 Ricesu，若是好友真買下了這迷人的兩層樓房，我們就能夠以參加 House warming party 為由，再來探訪這個樸實中帶著雅緻韻味的山城了！

Tips

超推薦！聖吉米納諾的超美味 PIZZA 店 Ricca Pizza

- 地址：Via San Giovanni 94 - 53037 - San Gimignano
- 電話：+(39) 0577941817
- 推薦必點：瑪格莉特比薩絕對不可錯過！

親子一起動手做！

瑪格麗特披薩

在麵皮上塗抹充滿陽光香氣的新鮮番茄醬，灑滿馬芝拉起司。餅皮口感Q軟還帶點酥脆，豪邁淋上橄欖油，好滋味讓人難以忘懷！其實做披薩一點也不難。在搓揉麵糰及擺放材料時，都可以讓孩子參與。是一道很棒的親子料理！

材料

麵糰

高筋麵粉	175 公克
水	120 公克
乾酵母	2 公克
橄欖油	15 公克
鹽	3.5 公克

番茄醬

切塊番茄罐頭	1 罐
橄欖油	4 大匙
蒜末	1 小匙
義式綜合香料	適量

披薩

番茄	1 顆
新鮮馬芝拉起司	1 ～ 2 顆
九層塔	一小把
胡椒粉、起司粉、辣椒粉	各適量

做法

麵糰

1. 以 30℃溫水融化乾酵母備用。
2. 將高筋麵粉和入酵母水中，加入橄欖油攪拌揉勻。
3. 加入鹽，揉至麵糰表面光滑，靜置 1 ～ 1.5 小時發酵。切成三等分，揉成球狀，放入冷凍庫備用。

番茄醬（可以用市售義大利麵醬代替）

鍋中倒入橄欖油加熱，再放入蒜末、義式綜合香料炒香。加入切塊番茄煮滾後，盛入容器裡放涼。

披薩

1. 烤箱預熱 180℃。
2. 番茄洗淨切片、馬芝拉起司切片、九層塔葉洗淨備用。
3. 用擀麵棍將麵糰擀成 6 吋大小的圓型。並塗抹 2 ～ 3 匙番茄醬，塗抹時預留 1 公分的邊。依序放上番茄片、馬芝拉起司片、九層塔葉。
4. 以專用溫度計確認油溫達 190℃以上，將披薩放在荷蘭鍋內網架上，蓋上鍋蓋烤 15 分鐘。
5. 依喜好撒上起司粉、辣椒粉、胡椒粉即可食用。

奇揚地

感受托斯卡尼的舒適溫度

在 Villa il Trebbio 的每個早晨，都有種只想賴在家裡的感覺，孩子的外婆甚至會提議：「今天就留在這兒別出門了吧？」但是好不容易來到了義大利，真的哪兒都不去又覺得好可惜，於是我們打開了地圖，找了個離我們最近的景點——奇揚地（Chianti）。奇揚地是義大利的知名酒區，位在佛羅倫斯和西恩那之間。Discovery 知性之旅系列叢書曾特別針對托斯卡尼推出專書，書中提到：「對義大利人而言，奇揚地是屬於精神性而非地理性的地點。」

托斯卡尼的怡人陽光灑在身上，讓人只想慵懶地躺在草地上什麼也不做。在奇揚地的山路邊有許多閃耀著油亮綠光的葡萄園，Jerry 也忍不住放慢車速，吹著涼涼的風，聽著廣播裡的義大利歌曲，不疾不徐地往山上前進。不過，出發還是要有個目的地，來這裡我們不找酒，而是要前往一座小山城 Vertine。

山城周圍有著歷史痕跡的石牆，就像一座小堡壘，安然恬靜地座落在奇揚地的山頭上，四周種滿了橄欖樹、葡萄樹、松樹、絲柏樹和美麗的花草，儼然像個遺世的天空之城。將車子停在城門旁的空地，旁邊有一座不大不小的溜滑梯，有一家人正帶著孩子玩耍著，害羞的花寶不願意過去一起玩，就帶著弟弟撿拾著地上的松果。小城裡大約數十戶人家，門口掛著奇揚地地區統一的優雅瓷造門牌，每一戶都用心地妝點著自家的窗台，有美麗的蕾絲窗

❷❶

1. 優雅的奇揚地小鎮 Vertine。
2. 走進小鎮便看見這隻前來為我們導覽的小貓。

簾、精緻的花台、爬滿長春藤的雙開古窗、有著美麗窗花的小教堂，穿越了一個又一個的拱門，經過了高高低低的石牆屋瓦，某一個轉角還有個孩子的膠製遊戲屋，連屋後晾衣服的方式都格外優雅。

除了某一戶正在裝修房子的人家，屋主跟師傅悠閒地討論著細節，城裡幾乎是沒有人的。溫暖的陽光舒服的灑在身上，一家人就這麼在城裡隨意走走晃晃，兩個孩子各拿了塑膠袋，裝著一路上撿拾的果實種子，放鬆地邊走邊晃著手中的袋子，袋中果實碰撞發出了沙沙的聲響，和著孩子們銀鈴般的笑聲，是種無比的幸福。還好我一直堅持著無論去哪兒都要帶著孩子們，雖然旅途中多了很多的變數與限制，但這些幸福的畫面以及回憶，是千金不換的珍寶。

城裡沒有人，倒是派了一隻小貓陪著我們，一路上蹭著我們的腳邊撒嬌，熱情的小樹一直想把手裡的松果送給牠，小貓咪沒有被嚇到，乾脆慵懶地躺下來跟小樹玩了起來，倒是花寶對這麼友善的貓咪感到不太自在。在小城的最深處，我們看到一扇鑄鐵門的門口掛著一個不起眼的招牌寫著 Vertine 城堡，下方還有連絡電話，感覺應該是城堡飯店，若是下次再來到托斯卡尼，我應

該會想在這裡住上一晚。

輕鬆地踏遍了這個好美的小城，出了城門孩子只惦記著那座溜滑梯，我們也樂得坐在一邊吹著涼涼的風，對這個小城做最後的巡禮。花寶跟我說：「媽媽，這個小城很好玩耶！」我心裡其實有些懷疑，這孩子難道真的能懂這樣的悠閒？接著又說：「這裡有好多松果可以撿，還有小貓可以玩！」原來對孩子來說，快樂其實很簡單，可以輕鬆自在地跑跑跳跳、撿果實、溜滑梯，就是無比幸福的事了。我很感謝老天爺給了我一對熱愛大自然的孩子，他們可以很輕易的在自然環境下找樂子，摘下路旁小花、撿拾各式果實、收集種子，都可以讓他們玩上好一會兒樂此不疲，所以我的背包裡總會備上些大小夾鏈袋，方便他們存放一路上的回憶。

下山後繼續隨興走行程，跟著指標來到最近的小城 Ricasoli 吃個午餐，遠遠看到一間二樓的陽台餐廳，看起來生意挺不錯，就大膽走進去啦！服務生見到我們帶著小孩，推薦炸薯餅跟薯圈，還有一個冷盤，大多都是用紅酒醋醃漬的蔬菜，清涼爽口，十分解膩。孩子們也喜歡這道冰涼酸甜的前菜，再加上一份煎得外焦內嫩的大牛排和千層麵，吃飽喝足後再到 Ricasoli 走走。只可惜除了入口的黑色大公雞，午後兩點，所有的商店都在休息中，但陽光

❷❶

1. 孩子們心心念念著的溜滑梯。
2. 奇揚地的代表物——雄壯的黑色大公雞。

下黃、橘彩牆溫暖的街景，還是讓我忍不住多按了幾下快門。

我們來到了奇揚地，沒喝酒但也醉了，醉在滿是葡萄園的托斯卡尼土地上，在這裡我得到了陽光與空氣充足的滋養，我想，對孩子們也是吧？

沒有任何名勝古蹟的城鎮，就是旅行中最好的留白，在此更能感受到當地居民的生活，更融入到當地的氛圍中，所以千萬不要擔心行程安排太過鬆散不夠充實唷！

絕妙百搭的好選擇

醋漬百菇

歐洲有各式各樣口味鮮美特殊的蕈菇，用上好的葡萄酒醋和橄欖油醃漬，風味強烈鮮美的蕈菇在油醋的馴化之下，轉化成溫潤好入口的豐富好滋味。可以搭配牛排、清炒義大利麵或是放在烤過的法國麵包上當成普切塔，夜裡小酌紅酒時也能當作下酒菜唷！

材料

野菇	600 公克
胡椒	1 大匙
迷迭香	1 大匙
月桂葉	兩片
紅酒醋、橄欖油	各適量

做法

1. 野菇用水快速清洗晾乾後，以乾鍋拌炒到野菇軟化，待湯汁收乾後熄火，加入迷迭香、胡椒、月桂葉拌勻。
2. 放入保鮮盒中，倒入橄欖油至野菇分量的 75%，再倒入紅酒醋醃過野菇。
3. 密封後，放入冰箱冷藏保存二週即可食用。

Herbes
de Provence
ALBERT MÉNÈS

比薩
找回童心

這天特別起了個大早，因為我們的目標是距離民宿約兩個半小時車程、不可錯過的重點城市——比薩。來到義大利卻沒去看看比薩斜塔似乎有點說不過去，不過我們向來不走觀光客路線，於是決定先到距離比薩約二十分鐘車程、充滿文藝氣息的普契尼故鄉——盧卡走走逛逛，用完午餐後再前往比薩斜塔朝聖。

為了尋找適合的停車位，我們繞了盧卡城一圈，發現這十數公尺高的城牆，十分完整的包圍整個城市。很難得在托斯卡尼的小城市裡見到這麼完整的城牆，這或許是因為盧卡位在河川平原上，建造城牆在技術面上相對容易許多，與其他受制於崎嶇地形的山城有極大的差異。城牆上種了一整排高聳的大樹，十分壯觀，牆外草地寬闊，花寶這孩子總是會被美麗的花兒吸引，在我忙著拍照時，花寶早已趴在地上玩著草地上的小白花，小樹也抓滿了兩手的石頭玩著，我試著蹲下來以孩子的角度看著，這才發現孩子的高度若想看這麼高的城牆，得辛苦把頭仰高，他們目前能及的就只是一大片的綠草地以及石頭。

旅行的過程中，我並不會特別要求孩子一定得記住哪個地標，或是一定得看到最受歡迎的觀光景點。由於居遊本來就只是一種生活的體驗，感受當

❷❶

1. 花寶和小樹恣意的坐在主教堂前的階梯上，欣賞風景吃著美味的 Gelato。
2. 主教堂以及比薩斜塔前空曠的草皮，是人們休息放鬆的好地方。

地的人文風情、氣候氛圍以及生活方式，就算是孩子完全不記得盧卡是普契尼的故鄉或是曾看過如此雄偉的城牆也無妨，我相信這些經歷將會在孩子生命中留下了難得的紀錄，然後在未來的生活裡成長發酵。

一早的城裡十分寂靜，只有少數的店鋪營業，漫無目的地在城裡閒晃，兩旁才剛要抽新芽的老樹，以堅毅而優雅的姿態迎著迷人的陽光，就這樣漫步到了拿破崙廣場，廣場旁有一間披薩屋已經開門營業，隨興地坐下來休息吃個午餐，讓孩子們在廣場上奔馳著。點了兩個披薩還有幾杯可樂，在等待時見到一位可愛的郵差妹妹開著亮黃色的郵務車前來送信，這是一個連郵務車都好優雅的城市。吃飽後坐在廣場邊休息，看著開心玩耍的孩子，真希望時間就靜止在這一刻。

午餐後是孩子們的午睡時間，在車上小寐一會兒補充體力，孩子們只要睡飽吃飽，就能夠維持穩定的情緒，尤其是這樣的長途旅行，我特別堅持讓孩子們每天維持著足夠的精神體力，孩子開心、大人也輕鬆，一家人才都能玩得盡興。

比薩斜塔果然是觀光勝地，小小的城裡擠滿了人和車，偌大的停車場繞了兩、三圈還找不到停車位，通常遇上這樣的狀況，我都會很想立刻回頭落荒而逃，但由於孩子們很期待去看比薩斜塔，我們也只能硬著頭皮找車位。好不容易停好車，通往比薩斜塔的小路兩旁全都是人，根本不需要查地圖或問路，只要跟著人走就對了，我們就這樣找到了比薩斜塔，但我的情緒卻被這喧囂人群搞得焦躁不已，不過來到了比薩斜塔前，卻莫名的開心了起來，因為這裡的遊客們正用著各式滑稽而誇張的方式在玩著借位攝影。

借位攝影，是一種巧妙利用透視角度的不同來製造錯覺的攝影手法，只見這裡的遊客們創意十足，有人做出用力的表情就像是在推空氣，有人爬上圍籬的柱子上把腳舉高像是踢倒了什麼東西，而攝影師為了捕捉完美的透視角度，有趴在地上的，有爬得半天高的，十分逗趣！這讓大家都起了童心，只見外婆興奮的表演單指推倒斜塔，花寶則是找了個角度表演輕鬆撐住斜塔，跟花寶看著照片討論著如何藉著透視的角度在照片中欺騙大家的眼睛，大家都玩得不亦樂乎。

但對年紀較小的小樹來說，還是冰淇淋比較誘人，小小孩吵著買了枝冰，大搖大擺走到主教堂的前廊下，大剌剌坐在路中間吃著消暑的冰淇淋，這竟也成了一個特別的風景，不少叔叔阿姨拿著相機搶拍這個小孩，我也趕緊拿

大方坐在主教堂前廊，引來遊客拍照的小樹。

起相機拍下這個難得的畫面。孩子坐在主教堂前吃冰，我們終於能偷閒靜下來休息一下，這才發現除了一些忙著跑行程的觀光客，大部分人都是悠閒地在主教堂前的大草皮上，三三兩兩或坐或躺，看書、聊天、吃東西，或是什麼都不做，躺著曬太陽。原來心是靜的，無論在多喧擾的環境下都可以是悠閒而愜意的。於是我們也學著坐在一旁，看著嬉鬧的人群，任孩子在主教堂的前廊躺著休息，既來之則安之，沒想到比薩斜塔竟治癒了我的人群恐慌症。

腦海中突然浮現出了普羅旺斯烤蔬菜塔的影像，將番茄、茄子、櫛瓜薄片層層疊疊的模樣，的確像極了比薩斜塔呢！休息夠了，吆喝孩子們準備回家，待會兒先到車站前的菜販那兒買些新鮮蔬菜，晚上就來做烤蔬菜斜塔吧！

Tips

比薩斜塔主教堂前的草地乾淨又舒服，若是時間足夠，建議大家可以準備些簡單的午餐、飲料、水果，躺在草地上看著遊客們為了拍攝出逗趣的借位攝影作品，各式各樣可愛又滑稽的姿勢與表情，若是發現有好點子也可以趕緊上前共襄盛舉唷！

繽紛食材的比薩斜塔

焗綜合蔬菜塔

切片蔬菜烤過之後疊起來，和比薩斜塔一般歪歪斜斜，再加上一片新鮮馬芝拉起司，加熱後自然流淌的牽絲起司，搭配充滿水分的蔬菜和青醬，這是個有趣的快樂晚餐。

材料

圓茄	1 條
綠櫛瓜	1 條
黃櫛瓜	1 條
番茄	2 顆
新鮮馬芝拉起司	1 顆
青醬	適量

做法

1. 圓茄、櫛瓜、番茄切成約 0.2 公分厚的片狀，放入烤箱以 220℃烤 5 分鐘或以熱鍋煎 3 ～ 5 分鐘。
2. 依序疊放圓茄、櫛瓜、番茄，重複三次，最後在上面擺放新鮮馬芝拉起司，以 220℃烤 5 分鐘。
3. 將蔬菜塔從烤盤移到餐盤，上方澆淋青醬裝飾。

佛羅倫斯

藝術與人文薈萃的饗宴

優雅的房東 Maria 告訴我，佛羅倫斯就像一位多變的情人，時刻有著不同的面貌，也給人不同的驚喜。之前我跟花寶提到徐志摩為它取了個很浪漫的名字「翡冷翠」，總覺得這個名字給了我更多的想像空間。

愛寫詩的花寶問我：「為什麼不同的名字會有不同的感覺？」我告訴他：「這就是文字的魅力呀，詩人或是作家會運用細膩的文字帶給人們更寬廣的想像空間！」然後念了一小段徐志摩的《翡冷翠山居閒話》：「你的心地會看著澄藍的天空靜定，你的思想和著山壑間的水聲，山罅裡的泉響，有時一澄到底的清澈，有時激起成章的波動，流，流，流入涼爽的橄欖林中，流入嫵媚的阿諾河去……。」接著告訴他：「媽媽就是想帶著你體驗每一個不同的城市，在截然不同的氛圍中，感受這世界的多元與寬廣。」這些話對花寶來說或許太過深奧，但我相信在生命裡植下一顆小小的種子，也許一開始不起眼，但終究會開出美麗的花朵。

因此，我們帶著滿滿的期待，來到了翡冷翠。沿著阿諾河往市區前進，看到阿諾河上清晰靜謐的倒影，似乎感受到了徐志摩的感受。我們捨不得離開眼前的景色，和孩子們在橋旁享受河岸邊的連綿山壑，倒映在河上的藍天白雲綠樹、色彩優雅的建築物，靜止在河面上，難得花寶提出了想和這河景

❸❷❶

1. 阿諾河上浪漫到極不真實的倒影。
2. 花寶與阿諾河合影。
3. Jerry 與花寶父子倆最愛的牛肚包。

留影的要求，看來行前的討論應該有觸動這孩子吧？

我們慢慢地往市區前進，翡冷翠令人激賞的可不僅止於藝術的涵養，連市場的小吃都十分迷人！中央市場什麼都有，除了各式蔬果魚肉以及醬料油品，還有各式乾貨、香料。我們打算在這裡選購這趟旅程的伴手禮，花寶希望送給朋友們他最愛的松露醬，於是我們繞了好幾圈，試吃了好幾個攤位，終於選定了花寶覺得最棒的松露醬，帶回台灣給親朋好友。這麼愛松露香的孩子應該不多，花寶上輩子肯定是個歐洲人！

除了伴手禮之外，中央市場還有 Jerry 與花寶愛吃的「牛肚包」。我個人很怕牛雜的味道，不過他們父子對這味道情有獨鍾，趁早到攤位前排隊，聽說太晚可會買不到呢。沒多久，Jerry 手上捧著一盤熬得軟爛的牛肚，加上幾塊法國麵包，看這對父子吃得那麼開心，我忍不住也嚐了一口，充滿香料味的醬汁與口感軟而不爛的牛肚結合，配上微溫的法國麵包真的很不錯，不過我還是比較適合跟小樹在一旁啃著早上自己做的三明治，總是無法突破心中的抗拒呀！中央市場外面圍著一大圈的攤商，絕大部分都是賣手工皮件，沿路的空氣裡瀰漫著濃濃的皮革香，簡單的款式以及花樣，吸引了很多的遊客

駐足，我喜歡市集的活力，看著熱情的攤商與繽紛的各色商品，就算不買東西也開心。

接著來到了領主廣場，廣場上眾多的雕塑傑作，像是大衛像的複製品、科西莫一世青銅騎馬像、海神噴泉、海格力斯和凱克斯等等，就像是一座壯麗的露天博物館。可是孩子們並沒有太大的興致，倒是旁邊小巷裡有個年輕人，就著石板地作畫，愛畫畫的花寶蹲在一旁看了好久，畫家的巧手先是勾勒出女子的輪廓，接著仔細地描繪出溫柔的眼眸、立體的五官以及神情，花寶屏氣凝神觀看畫家的一筆一畫，這就是單純的孩子能直接感受到的藝術氛圍。除了街道上偶遇的藝術家之外，孩子們像是裝了「旋轉木馬雷達」似的，總能找到城市角落的旋轉木馬。兩個孩子鬧著要坐上一圈，可是正值午飯時間，享受人生的義大利人，早不知道哪裡快活去了，等了很久遲遲沒有人賣票，只好讓孩子們拍張照留念，花寶一直問我：「這裡很多小朋友，老闆為什麼不開呢？」我只能兩手一攤跟孩子說：「這就是義大利人呀！他們覺得享受生活比賺錢來得重要多了！」不過這並沒能說服來自台灣的花寶。

帶著兩個小孩再加上已經接近傍晚，看來我們只能與烏菲茲美術館擦身

❸❷❶

1. 專注著勾勒出每個細節，在地上作畫的年輕藝術家。
2. 永遠遇不上營業時間，無緣的旋轉木馬。
3. 老橋上寧靜的阿諾河。

而過，索性悠悠哉哉地往老橋逛過去，看看珠寶店家，感受翡冷翠另一個不同的面貌。橋上徐徐微風拂面，看著映在阿諾河上的倒影，我的心緒也在這一刻靜定了，這是翡冷翠在我的心底最美的時刻。走了一整天，花寶忍不住在碧堤宮前的廣場席地坐下休息後，沿著河岸往回走，午後斜照的陽光，讓河上倒影更加美好，想起房東 Maria 說的話，這一天我們體驗了這位多變情人浪漫優雅、熱情奔放的許多面向。

Tips

佛羅倫斯市區比想像中大得多，逛完一整個城市需要花上一整天的時間，若是帶著腳力不足的小小孩，建議一定要備上推車，讓大人與孩子都能輕鬆體驗這個城市的美！

厚切現烤，大快朵頤！

佛羅倫斯大牛排

外焦內嫩的丁骨牛排帶著較有口感的筋肉，份量足夠全家一起享用！超市就能買到好品質的厚切丁骨牛排，只要有烤箱，就可以為家人送上一份專業的牛排，雖少了粗獷炭火香，但美味依然不減。

材料

丁骨牛排（約 1.5 公分厚）	1 公斤
洋蔥	1 顆
檸檬	1/2 顆
鹽之花	適量

做法

1. 加熱平底鍋，放入丁骨牛排，兩面各煎 90 秒。
2. 烤箱預熱 220℃。
3. 準備一個烤盤，鋪上比牛排面積大三倍的錫箔紙，將牛排放置錫箔紙上，烤 3 分鐘。
4. 用錫箔紙將牛排緊密包住，關烤箱爐火，燜 3 分鐘。
5. 洋蔥切絲，以煎牛排的鍋子翻炒到軟。
6. 將牛排取出盛盤，將洋蔥放置一旁裝飾，檸檬切片與鹽之花放在盤子一旁備用。

Tips

建議使用鍋底有橫紋的平底鍋，牛排會煎出花紋來，增添炭烤感。

科爾托納

永遠和煦溫暖的25℃

從來到托斯卡尼的第一天開始，房東 Maria 就不斷地耳提面命，要我一定要去科爾托納。她每天都跟我說：「從門前那條路直走一分鐘後右轉上山，五分鐘就到了！」還不斷地跟我說科爾托納是托斯卡尼最迷人的小鎮。到了第三天，她見我們一直不安排，終於使出絕招，除了幫我把科爾托納散步地圖翻了出來，告訴我要怎麼逛，甚至交代我小鎮上那家「La Grotta」有著全托斯卡尼最美味的佛羅倫斯大牛排以及最棒的手擀義大利麵。我看起來真有這麼愛吃嗎？

我告訴 Maria，我看過芙蘭西絲．梅耶思（Frances Mayes）寫的《托斯尼卡艷陽下》，也知道這個故事就發生在這個迷人的小鎮，所以我一定會找時間探訪。她還是不死心地要我為此騰出一整天時間慢慢地享受。我們在托斯卡尼的第四天，Maria 就回佛羅倫斯去了，而我們竟然到了離開托斯卡尼的最後一天才造訪科爾托納。這才後悔沒聽她的話，我們在科爾托納整整花了一整天，美得讓人不想離開托斯卡尼！

從 Villa il Trebbio 門前馬路上就可以看到那個可愛的小山城，在離開托斯卡尼的前一天，我們終於往山上前進，路旁樸實的石頭屋欄杆旁，紫藤以優雅姿態掛在樹上，兩旁花盆裡的小雛菊則是熱情地綻放著，在山城的石牆旁

❷❶

1. 在科爾托納山丘上欣賞托斯卡尼風光。
2. 巷子裡的小餐館 La Grotta。

停好車後從羅馬路走進去，山城裡幾乎都是當地居民，鮮少見到帶著相機的遊客。兩旁以薰衣草以及一幅薰衣草田油畫妝點庭院的小藝廊，如此恬靜地豎立在路旁，由於是慕了佛羅倫斯大牛排的盛名而來，我們先是尋找西諾利亞廣場（Piazza Luca Signorelli），順利找到了位於廣場旁的「La Grotta」。

一條不起眼的小巷口上方高掛著一小塊招牌，低調的讓人不太習慣。店門口隨意地擺了幾張舒服的桌椅，熱情的服務生前來招呼我們說：「今天天氣真好，戶外的餐桌就隨意坐吧！」我們依著 Maria 的建議，點了佛羅倫斯大牛排、茄汁粗圓麵（Pici）、燉煮白豆，還有花寶最愛的奶油松露義大利麵。比臉大兩倍的大牛排送上桌時，大家都覺得好驚喜，外酥內嫩又多汁的厚切丁骨牛排，太令人驚豔的享受了！

其實，當 Maria 推薦這家店的佛羅倫斯大牛排時，我當下是有點懷疑的，覺得為何不是推薦佛羅倫斯的名店，而是這個小山城裡的小店。查了資料才知道，原來這間低調的小餐館在科爾托納十分有名氣，店家親手擀製的義大利麵、燉煮白豆與佛羅倫斯大牛排，都是當地人推薦的菜色。花寶開心地以迅雷不及掩耳的速度完食了一大盤的松露麵，連醬都沾麵包吃得乾乾淨淨！還好上桌時我先拿叉子嚐了一小口醬汁的味道，那在口中爆發的松露香，和

著鮮奶油溫潤的口感，讓人十分驚艷。貼心而熱情的餐廳服務員還會不時過來閒聊兩句、逗逗小孩，親切地確認菜色是否合口味，對我來說，這樣的午餐就是旅行中最大的療癒。

在小巷內閒逛著，每一間店鋪都有著獨特的風格，我們在織品店裡嘗試每個不同的花色，挑選了獨一無二的手染圍巾；在家飾店裡翻遍所有的橄欖木砧板，感受每一塊木頭溫潤的質感；在食材店裡跟店員閒聊半晌，買了全托斯卡尼最便宜的松露醬；孩子則是在色彩繽紛的甜點店裡挑選了自己喜愛的馬卡龍和 Gelato，坐在路旁開心地享用著。

路上有幾隻可愛的貓咪，時而伸伸懶腰，時而過來腳旁撒嬌，拿起相機時，貓兒像是專業的模特兒，挺直了腰桿以最美的姿態入鏡。兩個小孩如入無人之境，自在地在廣場上、在路旁或坐或臥，還有可愛的義大利奶奶笑咪咪拿著手機拍下這兩個肆無忌憚在馬路上滾的孩子。若是在台灣，應該馬上會有人前來教訓我這媽媽是怎麼帶孩子的吧？

我問小樹為何要躺在地上？還不太會表達的小樹只是笑鬧著繼續在地上滾，所以我只好換個方式問他：「因為這裡很舒服嗎？」小樹開懷地笑著點

❷❶

1. 花寶絕對不放過每一個吃馬卡龍的機會。
2. 西諾利亞廣場旁的市政廳階梯是市民們歇腳逗留的好去處。

頭。小樹的笑容永遠有著一種無法形容的迷人魔力，也難怪吸引了義大利的阿姨奶奶前來為他拍照。

沿著馬路走到一個可以賞看托斯卡尼平原的平台，遇見了一個與小樹一般大小的金髮小男孩。花寶摘了蒲公英送給兩個小小孩，他倆開心地吹著蓬鬆的蒲公英，用手捏著細軟的絨毛種子，小小胖胖的手，捏著蒲公英的樣子好可愛！熱情的小樹試著想抱抱對方對他示好，可惜金髮男孩怕生，一臉驚恐地看著小樹。不過這並沒有挫折了小樹，他依然勇敢地伸出手想跟對方玩。

我問花寶：「你怎麼跟那個外國弟弟溝通？」花寶很疑惑地回答我：「我們沒有溝通，就只是一起吹蒲公英呀！」每當在國外遇到年齡與花寶、小樹相仿的孩子，兩個孩子總是大方地想一起玩，看著孩子們單純的互動，就會了解語言隔閡與文化差異其實只是世俗套在成人身上的枷鎖，與人交往其實只需要微笑以及一顆敞開的心。

轉角的樓梯往上走，有一個很可愛的噴泉小公園，地上鋪滿了小石子，Jerry 自在地找了個長椅打個盹，兩個孩子在公園裡看噴泉、堆石頭、撿拾落葉、追著不知名的鳥兒。我們就這麼恣意地讓時間流逝著，旅行中最享受的時光莫過於此時。旅行不只是一直往前尋找下一個景點，而是停下腳步細細感受當下的氛圍、體驗生命的美好。來到科爾托納，我們並沒有找尋芙蘭西絲·梅耶思書中的美麗莊園，卻深刻地感同身受到她那股滿心的感動。

❷❶

1. 在看台上遇見可愛的義大利小男孩。
2. 孩子們在噴泉公園玩沙撿樹葉，消磨了一整個下午。

Tips

來到科爾托納，不可錯過的私房好餐廳！

Trattoria La Grotta

· 地址：Piazza Baldelli 3, 52044 Cortona, Italy

· 電話：+39-0575-630271

· 必點菜色：松露義大利麵、茄醬粗圓麵、燉煮白豆、普羅旺斯大牛排

簡單溫潤的靈魂之味

松露義大利麵

燙熟的Q彈義大利直麵，淋上了澎湃的松露奶油醬。展現出義大利人隨性自在但堅持享受生活的靈魂。越是平淡樸實，越讓人魂縈夢牽、難以忘懷。

材料

義大利直麵	100公克
鹽	1小匙
蒜末、松露醬	各2大匙
橄欖油	4大匙
白酒、牛奶	4大匙
依斯尼鮮奶油	各50公克
切片磨菇	適量

做法

1. 將義大利麵放入加了鹽的滾水中煮10分鐘。
2. 平底鍋加熱，加入橄欖油與蒜末，翻炒至有香氣。
3. 放入切片蘑菇炒軟，將白酒倒入，待酒精香氣稍揮發後，倒入牛奶及鮮奶油，煮至顏色稍深。
4. 將松露醬倒入鍋中拌勻。
5. 將麵瀝乾，倒入松露奶油醬拌炒均勻即完成。

Tips

也可以刨入適量松露切片裝飾或灑上現磨的彩色胡椒增添風味。

威尼斯

威尼斯市郊的小別墅

打算到威尼斯遊玩的旅人們，只要搜尋威尼斯住宿，就會看到兩種建議，一派是建議直接住在威尼斯本島，享受迷人的水都風光；另一派則是建議住在距離威尼斯不遠的梅斯特雷（Mestre）。若是新婚小夫妻到威尼斯旅遊，我十分推薦找一個在威尼斯的飯店，雖然價格高一點，但可以充分享受威尼斯日夜不同的華麗浪漫；缺點是車子無法開進威尼斯，因此有租車的朋友得把車先停在威尼斯城外，再將行李搬進威尼斯，城裡高高低低的階梯以及橋樑非常的多，這就是考驗另一半溫柔體貼的時刻了。

若是和我們一樣帶著小孩，我衷心建議你住在梅斯特雷，搭車到威尼斯只要十五分鐘，而且每五到十分鐘就有一班車。你可以先將車停在梅斯特雷的民宿裡，起個大早、著簡單的輕裝，悠閒地搭第一班車進威尼斯，避免一手牽孩子，一手拖超重行李，還要不時從口袋中撈出 GPS 確認飯店位置，不斷上下階梯與橋樑的窘狀。

除此之外，梅斯特雷有很多大型超市，除了可以採買生活用品、料理食材，還可以買些經濟實惠的紀念品回家。在梅斯特雷有一家歐洲知名的跨國連鎖超市——歐尚（Auchan），從烘焙品、魚、肉、各式香料、醬料等等應有盡有，逛起來非常痛快。法商歐尚目前是台灣大潤發的股東，所以大潤發

❸❷❶

1. 保留古老別墅外觀並加以整修的前廊。
2. 花園裡盛開著白黃色小花，孩子在椅子上休息玩耍。
3. 隨手摘取的蒲公英，是孩子最好的玩具。

不定時會與歐尚舉辦義大利商品的相關活動，也讓我們常有機會能夠回憶義式風味。

尋找梅斯特雷民宿時，我被一個特別的名字「Villa Moro Lin」所吸引，心想這會不會是華人經營的民宿呢？點進去一看才知道，原來是古老貴族的別墅，經過設計師修建為民宿。每間房間都有獨立的廚房、客廳，最難得的是還有一個專屬的露臺，擺設著戶外的餐桌和休閒椅，加上修整得十分雅緻的花園景色，給我很大的想像空間。和 Jerry 討論後很快地決定了，這就是我們造訪威尼斯時的家。

抵達梅斯特雷大約是傍晚，沿途路標很清楚，很快就找到了那間民宿，但大門深鎖，實在看不出個所以然，我們試著按了電鈴，透過對講機表明我

們是當天的房客後，門便自動開啟了。民宿主人 Lorenzo 熱情地前來迎接，告訴我們可以先把車停在外頭，下了行李之後再停到停車場。他很快地幫我們辦好了入住手續，簡單介紹周圍環境，包括怎麼去超市採買、如何搭車去威尼斯、回程最晚的車次是幾點，還貼心地給我們一份威尼斯地圖，標出幾個重要景點，既專業又貼心。

房間裝潢是十分舒服的北歐極簡風格，純白潔淨的櫥櫃裡，放滿了各式餐具與鍋具，還有一個閃耀著光澤的大烤箱。孩子趕忙著把剛買的食材冰進冰箱，瞬間被塞滿的冰箱看來好豐盛。採光良好的客廳有著舒服的沙發床，房間裡還有一張 Queen Size 的雙人床，實木地板擦得清潔乾淨，讓孩子們可以在地上自在打滾嬉戲。寬敞舒服的大陽台擺著與房裡風格相同的白色餐桌椅，還有室外的休憩椅，再加上昏黃的燈光，只可惜待在梅斯特雷那段期間總飄著毛毛細雨，不然還真想要在這個美麗的陽台迎著日出吃早餐呢。

民宿外頭的花園有一個大游泳池，可惜乍暖還寒時節，泳池尚未開始營運。孩子倒是十分喜愛泳池旁的跳跳床，直吵著要上去玩。這真是個消耗體力的活動，沒多久兩個孩子就滿臉通紅、氣喘吁吁，大人們則是坐在一旁的沙發上，以滿園的黃色小太陽花為背景拍照留念。這花園雖然不是我們獨享，

❸❷❶

1. 在純白餐桌上享用晚餐。
2. 功能齊全的小廚房。
3. 花寶自己備餐的可愛模樣。

但民宿裡的房間不多，一直到我們離開都沒見到其他房客出現。後花園裡則是保有古建築的原型，美麗拱門下擺放著設計感十足的沙發與發呆亭，面著參差的一排老樹，美得閒適而舒服。一旁種滿蒲公英，兩個孩子興奮地玩著蒲公英，充斥著孩子們的嬉笑聲。

由於廚房用具十分齊全且安全方便，再加上實在禁不住花寶渴求的眼神，我答應讓花寶跟我一起備餐。花寶用手動打蛋器打蛋，在我忙著煎蛋包的時候，自己拿了小刀準備著沙拉，沒一會兒便開心地捧了他擺盤的餐點跟我說：「媽媽，我都有偷偷地在學妳做菜唷！」驕傲的神情讓我好感動。雖然我們沒能在威尼斯本島上享受華麗的夜生活，但這樣充滿生活感的自在生活，讓我在旅行的過程中蓄積了滿滿的能量與感動。

Tips

建議大家可以到梅斯特雷市區的歐尚超市採買，裡頭吃喝玩樂什麼都有，選擇多而且價格便宜，慢慢逛還能挖到寶喔！

口感Q彈的鮮美滋味

墨魚麵

在威尼斯可以買到許多新鮮海產，尤其是透明發亮的墨魚。
當時擔心孩子弄髒衣服，就把墨囊丟了，
沒吃到最著名的墨魚麵，總覺得有些遺憾。
所以現在偶爾會留著墨囊加進麵裡，一邊把嘴巴搞得髒兮兮，
一邊回憶著威尼斯的新鮮海味。

材料

義大利麵	240 公克
軟絲	300 公克
墨囊	3 個
蒜末	4 瓣的量
洋蔥	1/2 顆
紅辣椒	1 條
鯷魚	3～4 條
白葡萄酒（不甜）	90cc
西式高湯	90cc
乾燥巴西里	3 小匙
鹽	1 小匙
黑胡椒	1/2 小匙

做法

1. 將義大利麵放入滾水中煮。
2. 在加熱的平底鍋中倒入橄欖油，放入洋蔥、蒜末及紅辣椒，小火炒 3 ～ 4 分鐘。
3. 放入軟絲炒香後，加入白酒與鯷魚炒勻。
4. 擠入墨囊的汁液，再倒入高湯，灑上鹽、黑胡椒後煮沸。
5. 放入煮好的麵條，再煮 1 ～ 2 分鐘。
6. 最後撒上乾燥巴西里即可！

Tips

· 煮麵時間不要太長，請比包裝上的建議時間少 2 分鐘。

威尼斯

滿是金粉的富裕氣息

威尼斯，一個童話般充滿夢幻的城市，是我此行最期待的一個行程。花寶看我對威尼斯過於興奮的期待，疑惑地問我：「為什麼爸爸跟妳都說一輩子一定要來威尼斯一次？」對耶！為什麼我對威尼斯有這麼高的期待？因為是水都？因為即將沉沒？亦或只是想親眼目睹建築在水澤上的繽紛城市？

我整理了一下自己的思緒後，跟花寶說：「在還沒有汽車的時代，船隻是很重要的物資運送工具，所以在很久以前，能容納世界各地船隻且地理位置方便的港口，通常會成為最繁榮的城市。不僅有豐富物資，還會留下許多繁華歷史的遺跡，像是華麗的宮殿、雕工精細的教堂、甚至會吸引很多藝術家留下無價的藝術品，像是之前曾經提過的文藝復興，就在威尼斯留下了許多讓人驚豔的作品。媽媽很期待親眼看到這些曾經在書上看過的美麗畫面。」

花寶更納悶的問我：「可是我們去過的很多城市都有漂亮的建築物或藝術品，威尼斯有什麼不一樣呢？」果然這樣的解釋還沒辦法說服小孩。我回答他：「當然還有一個很重要的原因——就是威尼斯即將在可以預見的未來沉入海平面！」

花寶驚訝地看著我，想知道答案，我繼續告訴他：「威尼斯建築在一片沼澤小島上，現在因為地球溫度升高，海平面也慢慢上升，再加上這裡的居

③②①

1. 站在理阿托橋上享受著眼前船兒悠遊的風景。
2. 在貢多拉船上以不同的角度，享受著威尼斯的街景。
3. 孩子們在威尼斯迷宮巷弄內探險。

民超抽地下水造成地層下陷，這幾年只要是天氣不好，就會有海水灌進城市，大家很擔心以後再也看不到這個美麗的城市了，所以想把握機會來看看！」花寶是個非常感性的孩子，十分不擅於處理離開與消逝的議題，不過或許也是因為這樣的無常，我期待他在這個城市裡能感受到不同於其他城市的氛圍。

雖然滿心期待，但天不從人願，一早起來依然下著綿綿細雨，想到要拉著兩個小孩又拖著嬰兒推車和媽媽包，我只好把單眼相機乖乖收在民宿櫃子裡，威尼斯印象就讓我烙印在心裡吧！擔心撐傘會影響活動，我們一早還先到超市買了雨衣，再回民宿巷口搭車去威尼斯，五分鐘一個班次，搭乘的人也不算多，大約十五分鐘就抵達了。下車後抬頭一看，太令人驚喜了！藍天白雲映在碧綠色河道上，放晴了！雖然雲層依然有點厚，但這對我們來說已經十分足夠了，馬上拿起手機狂拍照。

我們依著民宿主人給的地圖在威尼斯探險，不過沒多久就放棄了。左彎右拐的小巷弄，根本分不清東西南北，索性把地圖丟在腦後，在威尼斯的迷宮巷弄裡隨意冒險！每一個轉角都是驚喜，時而見到一整片的豁然開朗，時而遇見搖櫓的貢多拉船夫以渾厚嗓音唱著義大利小調，我們在某個小巷的盡頭看到了「天津飯店」，頓時有種穿越任意門到了中國的錯覺。小巷弄裡的

藝品店，擺飾著以繽紛色澤礦石製成的首飾，不管是軟陶藝品與彩色玻璃的結合，還是珠光色澤的串珠工藝，都讓人愛不釋手。出了藝品店，轉角有一群女高中生正在街頭演奏管弦樂，應該是募款活動，連孩子們都沉浸在這生活藝術的氛圍中。我們在Arte Musica Venezia門口席地野餐，花寶吃著剛剛在麵包店選購的麵包，小樹則是享用著外婆早上熬的魚粥，吃飽喝足又有力氣繼續上路了！

再一個轉彎，我們就到了里阿爾托橋（Rialto Bridge），看著一艘艘的貢多拉緩緩來回移動，還有悠閒的水上巴士，雖然橋旁的商店多到非常商業化，但我深深感覺這樣的繁華就是威尼斯的一部分。接著繼續在小巷弄間穿梭著，不時還得提醒孩子跑慢點，真怕一個轉眼他們就在迷宮裡走丟了，有美麗雕花欄杆的小橋在水道裡就像是一幅畫，再加上倒映在碧綠水面上的繽紛建築以及清澈的藍天，就算迷路也很浪漫。

我們沿著標示走出了巷弄，來到了聖馬可廣場。曾經聽說，由於廣場旁的總督府和聖馬可教堂使用了大量金箔妝點牆上及圓拱天花板的壁畫，因此在廣場上似乎可以嗅到金箔的氣味，在這裡待上一會兒，整個人似乎都富貴起來了！走了一整個早上，兩個孩子都累了，索性找了艘貢多拉跳上船去，

❸❷❶

1. 乘著貢多拉船在河道上暢行無阻的浪漫時光。
2.. 卡納雷吉歐區巷弄裡，販售著繽紛色彩紀念品的攤販。
3. 滿是富裕氣息的聖馬可廣場。

好好享受一下浪漫氛圍。從聖馬可廣場出發，轉個彎從嘆息橋下穿過又回到里阿爾托橋，大人們忙著以不同角度用手機紀錄著，兩個孩子則是放鬆地攤在貢多拉的椅子上，享受著迎面而來的微風，伴著船夫搖櫓撥動水面的聲音。

船夫讓我們在卡納雷吉歐區（Cannaregio）下船，往前走一會兒，就能看到威尼斯必吃的義式冰淇淋專賣店「GROM」，店裡最著名的就是以義大利國寶貝魯加巧克力做的Baci巧克力，香濃滑順的巧克力上豪氣地撒滿大量整顆榛果，兩個孩子人手一杯，又能繼續下午的行程了！

天色越來越晴朗，原本幫孩子們準備的外衣也一件件脫下，午後三點的斜陽照在身上相當舒適，我們帶著一個只要走不動就躺平在大馬路中間的小樹，也別妄想要逛遍整個威尼斯，走到哪算到哪吧！很感謝貼心的花寶，沿途高高低低的大小橋樑與階梯，都是靠他幫忙提外套、搬推車，才得以順利地前進，讓我更加確定當時決定住在梅斯特雷是對的！（沒帶單眼出門也是對的！）

比起聖馬可，我更愛卡納雷吉歐區帶點人文及生活感的氛圍，小市集裡被當作精品排列整齊的蔬果、兩旁的點心店、窗台上綻放的小花，感覺終於可以放緩腳步，享受午後片刻的寧靜。漫步回到憲法橋，再次感受威尼斯式的喧鬧，我果然不太適合擠在紛擾的人群中。

聖馬可廣場前廊幫忙推嬰兒推車的乖巧花寶。

搭車回梅斯特雷的路上，花寶問：「威尼斯什麼時候會沉入海中呀？」我搖搖頭表示不清楚，只見他叨叨絮絮地說：「這裡好漂亮，真希望在它沉入海中之前還能再來一趟。」下次再來，相信你會有完全不同的體驗，我想起歌德在《義大利之旅》書中的一段話：「我第一次望見威尼斯，不一會兒就要進入這個奇妙的島域，這個海狸之國。謝天謝地，對我來說，威尼斯終於不再是一個名詞，不再是一個空洞的名字。」

Tips

建議帶著學步兒的家長，一定要準備嬰兒揹巾！在威尼斯扛嬰兒推車是件十分狼狽的事！若是走累了，隨時可以招一台水上Taxi。千萬別堅持一定要踏遍威尼斯的大街小巷，留一點遺憾也是很美的唷！

濃純巧克力的誘人風味

巧克力 Gelato

還記得威尼斯最著名的義式冰淇淋店裡擺滿各式繽紛色彩 Gelato！最難忘的就是 Baci 巧克力冰淇淋，灑滿大量完整榛果，為帶著酸香的巧克力增添豐富層次，讓人念念不忘。

材料

鮮奶油	250毫升
巧克力	80公克
糖	30公克
蛋黃	3個
榛果	適量

做法

1. 溫熱的牛奶加入巧克力慢慢攪拌至均勻融化
2. 蛋黃加砂糖打發，加入溫熱的巧克力牛奶混合，過篩備用。
3. 放涼後，倒入冰淇淋機中設定40分鐘
4. 盛入容器，灑上榛果即完成。

Tips

可依喜好將榛果壓碎為適當顆粒大小，口感更豐富。

米蘭

在米蘭大教堂的小公寓

通常只要到了交通便利的城市，我們會盡量使用大眾交通工具，因為在大城市裡停車是非常困難的一件事，來到了米蘭當然也不例外。旅居城市，我會選擇離市區較近的公寓，畢竟少了代步工具，最好一出門就可以買到好吃的食物，離車站不要超過十分鐘的腳程，若是旁邊就有熱門的景點，就更完美了！

上網找了很多米蘭的公寓，大部分都能滿足在車站附近這個基本條件，不過有一間走路五分鐘就能到米蘭大教堂的小公寓讓我好心動。純白地板搭配大地色系的沙發，擺著低調的原木餐桌椅及布製餐椅，房間裡也是走簡約風格，而且出門拐個彎就是亞曼尼飯店（Armani Hotel），但價格硬是比其他公寓多上一些，最後我心一橫、眼一閉，就訂了這個小公寓。

公寓位在大馬路旁，依導航指示很順利就找到大門，我們先將行李拿下車，Jerry 負責到租車公司還車，我則帶著孩子先到房裡休息。這是一棟維護得很不錯的大樓，門口低調雅緻的白花以優雅地姿態綻放著，電梯外以富歷史感的木門裝飾，打開木門後就可以看到電梯門，有趣的是電梯到了三樓竟然沒有走廊或任何緩衝的區域，直接就連接著公寓大門，很慌張地敲了敲門，年輕的房東已經在房子裡等我們了！果然和網站上的照片一樣，舒服簡約的

❷❶

1. 空間寬敞的純白大客廳。
2. 大樓門口雅緻的白花歡迎著我們。

擺設以及乾淨的環境，笑盈盈的帥哥房東告訴我們怎麼使用大門鑰匙以及家中的電器後就離開了。這才開始好好看看這個迷人的小公寓，打開電視後方的落地窗就能看到公寓的公共區域，家戶陽台的綠色植物以及橙黃色的牆面，在午後陽光的照射下給人溫暖而舒服的感覺。餐桌上的旅遊雜誌、高級音響及有線電視頻道，讓公寓裡的時光一點都不枯燥，大面積的留白區域更是提供孩子們寬敞無限制的活動空間。

到了米蘭，我們打算把剩下的食材消耗完，手邊還有些蝴蝶麵、茄汁醬、一些洋菇和小番茄、雞蛋、麵包和牛奶，我趕緊煮麵，把剩下的食材都炒在一起，把孩子餵飽後，趁著空檔休息一下，雖然公寓裡只有簡單的IH爐，也足夠我們準備簡單的餐食。

為了不浪費這麼好的地點，飯後讓Jerry帶著小樹休息一下，我和母親則帶著花寶到附近的亞曼尼概念店（Armani Via Manzoni 31）逛逛，到這裡使用洗手間完全免費，真是太貼心了！而樓上即是亞曼尼飯店。一樓有亞曼尼甜點專賣店，價格還算合理，我在這兒挑選了不少伴手禮帶回台灣送給朋友。

再往前走不遠就是法國頂級兒童時裝Bonpoint的米蘭分店，裡頭有舒服

的兒童遊戲室，讓媽媽可以安心舒適的挑選衣服。在台灣令人咋舌、買不下手的高貴價格，在這裡則是讓人可以喘一口氣的親切定價。我們找了一家路邊的咖啡廳坐下來，點兩杯咖啡，幫花寶點了甜點和可樂，坐在路旁看著穿著時尚、優雅自信的帥哥美女，也是種享受。

我們挑了個晚上走路到 Armani Café 吃飯。既然是亞曼尼經營的，時尚的裝潢是絕對不能少，高調的紅色餐桌、黑色的餐巾紙還有軍綠色的餐椅，真是無法想像的大膽配色，坐下來沒多久服務生就送來一個銀亮的麵包籃，裡面是溫熱的麵包還有麵包棒，麥香味十足，非常好吃。我們點了茄汁筆管麵、義大利肉醬麵，還有一份生牛肉沙拉。沙拉搭配麵包真的十分美味，不過吃多了還是會有點害怕，濃濃的肉醬感覺加了很多香料經過長時間熬煮，裹在還帶點麵心的義大利麵上，的確十分了得。倒是茄汁蘿勒筆管麵並沒有很強烈的特色，但也在一定水準之上，這家店的價格還算親切，品質也很不錯，十分建議若來到米蘭大教堂附近一定要來這兒享受一下。

回程的路上，花寶很開心地數著天上的星星，踩著輕快的腳步回家。花寶問我：「媽媽，為什麼我們不能天天都在外面吃晚餐？我覺得吃飽飯才回家很開心呢！」我笑著回答他：「因為你們年紀還小，這麼晚在不熟悉的城

❸❷❶

1. 米蘭大教堂前廣場上滿是等著人們餵食的鴿子，花寶和小樹開心地追著鴿子跑跑跳跳。
2. 米蘭大教堂內打著溫暖燈光，小巧精美的紀念品部。
3. 在 Armani 餐廳享受米蘭的最後一夜。

市裡，要保護你們的安全會讓媽媽很緊張，等你們越來越大，可以保護媽媽的時候，我們就可以從早玩到晚，像這樣看著月亮數星星回家。」孩子，媽媽雖然很期待有一天可以跟你一起享受旅行時的夜生活，但又滿心的捨不得你太快長大呀！

Tips

喜歡時尚童裝的媽媽們，千萬不能錯過米蘭的童裝店！除了知名精品童裝在米蘭的價格十分可親之外，巷子裡小店的童裝，質料剪裁也都不在話下，來一趟米蘭怎麼能不幫孩子們打點一下呢？

充滿美好回憶的酸甜滋味

蒜香番茄洋菇螺旋麵

米蘭是義大利旅行的最後一站，於是利用手邊剩餘食材做成這道料理。每當看到番茄螺旋麵，就會想起在米蘭小公寓的那片落地窗前，孩子們坐在白淨地板上開心吃著麵的景象。

材料

鹽	2 大匙
蒜末	2 大匙
小番茄（剖半）	100 公克
洋菇	100 公克
螺旋麵	200 公克
橄欖油	3 大匙

做法

1. 將螺旋麵放入加鹽的滾水中煮，撈起後保留煮麵湯。
2. 在熱好的平底鍋內倒入橄欖油，放入蒜末拌炒至微微焦黃。
3. 加入洋菇、小番茄拌炒，加入 4 大匙麵湯，讓湯汁稍稍乳化。
4. 放入螺旋麵，翻煮 1 ～ 2 分鐘即可。

Tips

煮麵時間不要太長，比包裝上的建議時間再少 1 分鐘即可撈起。

米蘭

充滿熱情的城市印象

在我們離開米蘭的前一天，老天賞了我們一個好天氣！這天我們決定搭捷運到感恩聖母教堂去欣賞達文西的名畫〈最後的晚餐〉。花寶從小就很喜歡達文西的畫作，從〈蒙娜麗莎的微笑〉、〈維特魯威人〉、〈岩間聖母〉，一直到〈最後的晚餐〉，花寶總是抱著達文西的小百科仔細看著每一幅畫。

我告訴花寶〈最後的晚餐〉就在感恩聖母教堂，他說：「達文西自己發明一種以雞蛋跟牛奶調製成的顏料畫在牆壁上，我好想去看看，會不會有味道呀？」半信半疑地上網搜尋了一下，還真的有傳說是用雞蛋與牛奶製作顏料這碼事！

從米蘭的小公寓出發到感恩聖母教堂，會經過艾曼紐二世迴廊以及米蘭大教堂，雖然到米蘭之後已經逛這兩個景點好多次，不過每次看到米蘭大教堂，鬼斧神工的繁複工法，還是讓人十分感動，尤其這一天有著難得的藍天白雲，說什麼都要多拍幾張留念。

艾曼紐二世迴廊則是花寶的最愛，地上代表四大城市的美麗拼貼畫，杜林的公牛、佛羅倫斯的百合、米蘭的白底紅十字以及羅馬餵補嬰兒的母狼，色彩繽紛而栩栩如生，花寶每到這裡也得站在上面端詳半晌，這個米蘭小公寓讓我們能夠在短短三天內造訪好幾次米蘭大教堂以及艾曼紐二世迴廊，真

❷❶

1. 莊嚴華麗的米蘭大教堂。
2. 艾曼紐二世迴廊的拼貼畫很吸引花寶。

是貴得太有價值了！

感恩聖母教堂並不在捷運站附近，出站後還得走一會兒，一出捷運站剛好遇到街頭藝人的表演小提琴加上大提琴的組合，呈現出有點藍調感的古典音樂，別有一番風情，我們站在一旁享受了這美妙的音符，花寶跟我拿了些零錢放進街頭藝人的提琴箱內，拉小提琴的樂師非常紳士的彎腰感謝了花寶。米蘭的街道感覺上簡約許多，顏色也沒有羅馬那麼豐富，但在捷運站附近都有時尚的裝置藝術，腳踏車亭也都會以現代時尚的方式搭建。

到了感恩聖母教堂，才知道原來要看〈最後的晚餐〉是有限額的，今天的名額已經發完了，只好讓孩子在教堂前的廣場跑一跑，剛好遇到幾個也帶孩子來玩的義大利媽媽，孩子很快地玩在一起，由於孩子的互動好可愛，基於尊重，我上前問過孩子的母親是否可以幫她的孩子拍些照片，也因此跟她聊了一會兒。她聽到我來自台灣十分興奮，告訴我她先生的哥哥娶了一個台灣女孩，雖然沒來過台灣，但聽她的妯娌提過，所以覺得好親切！

我們並沒特別挑選午餐的地點，觀察了一會兒後，決定走進「Old America」，餐廳裡大多是西裝筆挺的上班族，請服務生為我們推薦了幾道餐點，點了義大利火腿披薩以及服務生強力推薦的不知名披薩，還有炸豬排套

餐。炸豬排真是太美味了，外皮酥脆、肉質多汁，搭配炸得金黃香酥的薯條，的確很有美國味；火腿披薩口味也十分不錯，倒是那個不知名披薩十分讓我們驚艷，有點像是梅乾菜的醃菜，加上朝鮮薊還有滿滿的馬芝拉起司，最後再點綴白乳酪擠花，味道融洽而風味特別，讓我們留下了很美好的回憶。

就在捷運站出口不遠處，看到一個小店大排長龍，原來是家義式冰淇淋店「Shockolat Maggi」，衣裝筆挺的上班族站在店門口人手一枝冰淇淋，到底是多好吃？好奇的我們在那兒探頭探腦想瞭解個所以然。此時花寶看到一個老先生迎面走來，拿了一枝分量十分誇張的三大球冰淇淋，興奮而驚訝地看著老先生的冰淇淋，可愛的老先生對花寶眨了眼，舉起手對花寶比了個讚！有當地人的鼓勵，我們就勇敢地排隊去吧！

店家有兩大類的冰淇淋，一區是水果牛奶，另一區則全是巧克力，有柳橙巧克力、薑汁巧克力、肉桂巧克力，甚至是辣椒巧克力！我很保守地點了黑巧克力，果然十分好吃，忍不住又再去買了兩杯。離開義大利之前最後一次享用好吃的義大利冰淇淋，就讓我們放肆一下吧！回公寓後上網查了一下，才知道原來這是現在米蘭最紅的時尚冰淇淋店，創辦人 Luca Maggi 以嚴選食材調配出特殊比例，製成數十種令人一吃上癮的好吃冰淇淋，各種食材的新鮮嘗試更為當地人喜愛。果然，出來玩只要看哪裡人多就往哪兒去準沒錯！

❷❶

1. 令人難忘的醃菜朝鮮薊披薩。
2. Shockolat Maggi 豐盛而多樣的 Gelato，每種口味都十分誘人呢。

花寶在回程的路上說：「媽媽，我還是很想看〈最後的晚餐〉，很想看達文西用自己研發的雞蛋牛奶顏料畫出來的濕壁畫到底是什麼樣子？」我跟花寶說：「沒關係呀！每一趟旅行總要留下一點遺憾，才能給我們一個好理由再來一回。你是不是也覺得義大利真的好棒，值得再來一次？」花寶牽著我的手點頭如搗蒜。

孩子，下次我們再來到義大利時，你或許已經可以跟我討論文藝復興時代的各種風格，希望這一趟義大利之旅的過程中，媽媽在你心中種下的小小種子，能夠隨著你的成長慢慢發芽，我衷心的期待著。

Tips

推薦一定不能錯過的米蘭 Gelato！：
Shockolat Maggi

‧地址：Via Giovanni Boccaccio,9, Milan, Italy
‧電話：+39-02-48100597
‧推薦必吃：各式特調的巧克力 Gelato

驚奇搭配、絕品美味！

朝鮮薊火腿披薩

朝鮮薊的口感爽脆、風味特別，佐著橄欖油，味道竟像台灣常吃的滷酸筍！在米蘭吃到的朝鮮薊披薩，上頭放了類似梅干菜的黑色食材，最後加上了乳清乳酪，是很特別的味覺嘗試。

材料

麵糰

高筋麵粉	200 公克
水	120 公克
乾酵母	2 公克
鹽	5 公克

披薩

朝鮮薊罐頭	1 個
櫛瓜	1/2 條
帕馬火腿	6 片
馬芝拉起司	150 公克
百里香、伊斯尼白乳酪	各適量
番茄醬	1 大匙

做法

麵糰

1. 將高筋麵粉、水、乾酵母放入攪拌缸內，慢速攪拌 2 分鐘後加鹽，再中速攪拌 7 分鐘。
3. 放置溫暖處發酵至兩倍大。
4. 切成兩半，蓋上濕布靜置 15 分鐘。
5. 成圓餅狀，越薄越好。

披薩

1. 烤箱預熱 180℃。
2. 在餅皮上塗抹番茄醬，邊緣留 1 公分的距離。將切片櫛瓜均勻放上麵皮，撒上起司。
3. 將披薩放入烤箱烤 15 分鐘，取出後再放上朝鮮薊、帕馬火腿、擠上伊斯尼白乳酪，最後撒上新鮮百里香就完成了！

Alifetale
生活童話

世界精選創意
全球設計商品
盡在 Alifetale 生活童話

SCAN ME

www.alifetale.com

天生|出眾

Fées

頂級植萃保養‧寶貝肌膚明星3件組

1.溫和清潔

嬰兒柔護泡泡露
杏果香　新上市!

2.舒緩乾爽

嬰兒爽身乳液

3.隔離安撫

安撫BB霜

鄉富企業股份有限公司　消費者服務專線：0800-000-078　Fées官方購物網 www.feescare.com.tw　Fees　北市衛粧廣字第10309245號

Hea
HIGH Tea 芳第

世界特色茶

好茶 好品味

芳第購物商城

洋甘菊柚香綠茶

特選歐洲洋甘菊調配，
茶香中散發蘋果般甘甜，
並襯托出香柚的脫俗清新，
能舒緩疲勞、助益身心!

太妃糖紅茶

特選錫蘭紅茶結合鮮奶油般
濃醇滑潤的太妃糖，
散發甜美糖果香氣。
調配奶茶口感佳，
紅茶控的最愛。

百香芒果烏龍茶

經由國際專業調配師精心調配，
結合台灣烏龍茶混合芒果及百香果的
果肉與香氣，調和出風味絕佳的新飲，
香氣十足，口感滑順，
為台灣在地的滋味!

愛生活 002

旅行餐桌

山城 × 古蹟 × 美食，花花媽私房行程邊玩邊上菜！
用當地食材做出 24 道義法家常料理

作　　者——曾心怡（花花）
食譜拍攝——石吉弘
美術設計——徐思文
主　　編——林憶純
責任編輯——林謹瓊
行銷企劃——塗幸儀
董 事 長・總 經 理——趙政岷
第五編輯部總監——梁芳春

出 版 者——時報文化出版企業股份有限公司
10803 台北市和平西路三段 240 號 7 樓
發行專線—（02）2306-6842
讀者服務專線— 0800-231-705、（02）2304-7103
讀者服務傳真—（02）2304-6858
郵撥— 19344724 時報文化出版公司
信箱—台北郵政 79 ～ 99 信箱
時報悅讀網—— www.readingtimes.com.tw
電子郵箱—— history@readingtimes.com.tw

法律顧問——理律法律事務所　陳長文律師、李念祖律師

印刷——華展印刷股份有限公司
初版一刷— 2015 年 8 月
定價—新台幣 320 元

餐具協力廠商—— iittala　ROYAL COPENHAGEN 皇家哥本哈根手繪名瓷

行政院新聞局局版北市業字第八〇號
版權所有 ・ 翻印必究（缺頁或破損的書，請寄回更換）

國家圖書館出版品預行編目（CIP）資料

旅行餐桌：山城 × 古蹟 × 美食，花花媽私房行程邊玩邊上菜！用當地食材做出 24 道義法家常料理 / 曾心怡作．-- 初版．-- 臺北市：時報文化，2015.08
面；　公分．--（愛生活；2）
ISBN 978-957-13-6341-7（平裝）
1. 遊記 2. 食譜 3. 義大利 4. 法國
745.09　　104012782